118帖搞掂真经献给成功人士

搞掂“鬼员工”

吴晓东◎编著

中国文联出版社

图书在版编目（CIP）数据
搞掂“鬼员工”/吴晓东编著.－北京：中国文联出版社，2006.1
ISBN 7-5059-5188-2
Ⅰ搞… Ⅱ.吴… Ⅲ.企业管理：人事管理Ⅳ.F272.92
中国版本图书馆CIP数据核字(2005)第159542号

书　　名	搞掂“鬼员工”
编　　著	吴晓东
出　　版	中国文联出版社
发　　行	中国文联出版社 发行部（010-65389152）
地　　址	北京农展馆南里10号(100026)
经　　销	全国新华书店
责任编辑	周完淳
责任校对	胡首一
责任印制	李寒江　周完淳
印　　刷	中国文联印刷厂
开　　本	787×1092　1/16
字　　数	216千字
印　　张	15.625
插　　页	1页
版　　次	2006年3月第1版第1次印刷
书　　号	ISBN 7-5059-5188-2
定　　价	25.80元

您若想详细了解我社的出版物
请登陆我们出版社的网站 http://www.cflacp.com

前言

最近,在电视上看到媒体在调查“你的梦想是什么?”一个小朋友毫不犹豫地回答:“我想当老板!”引得大家哈哈大笑,虽说是个玩笑,可笑过背后就是成年人的反思。这几年来,老板已经都成了小朋友的偶像了,老板到底在人们心中烙下了什么样的印记?当老板真有那么快乐吗?老板办一个企业竟是如此简单和快意吗?

我们今天不能准确地计算出,全国各行各业的企业已经发展了多少家,但可以肯定的是在2003年的“非典”的三个月期间,仅北京地区就有近千家广告行业内的公司倒闭,还有数不清的企业都有不同程度的亏损。我不禁要问,我们的企业就那么脆弱吗?企业的各项机制都到哪里去了?老板的经营理念又跑到哪里去了?

企业的发展,老板是关键,企业是你的生命,你的经营也关乎着企业的生命。建立独特的管理作风和用人机制,学习先进的管理理念,培养企业处理危机、承担风险的能力,开拓创新,努力进取,在激烈的市场竞争中力挽狂澜,独辟蹊径,带领全体员工找到适合企业的创新之路,并在国际的商业舞台上引领行业先锋,应是每个老板努力争取达到的。

老板管理企业掌握大局的同时，还要培养员工的合作与竞争意识，本书着重从老板的角度审视员工、“搞掂”员工，不仅分析了在职场中如何“搞掂”员工，而且还分析了在处理与员工矛盾时的解决办法以及如何用人、留人、培养人，等等。

本书分设“谁是刺猬中的领袖”、“剥开层层洋葱皮”、“坐在树上看果子变红”、“有了翅膀我就能飞翔”、“我的嘴角都是奶油”、“挂满水蒸气的眼镜”、“明天的列车由你来开”、“用镜子照亮你的心”、“阳光正暖玫瑰正香”、“随风舞动的黄飘带” 等章。这些玲珑活泼的主题，让你眼前一亮，再结合一个个生动俏皮的职场哲理故事穿插其间，使枯燥的理论活了起来，使读者疲惫的神经放松下来，轻轻松松地理解了企业管理的哲学。

目 录

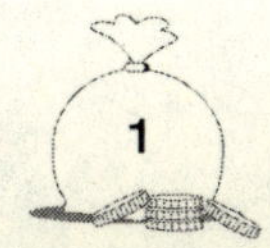

第六章 挂满水蒸气的眼镜

第七章 明天的列车由你来开

第一章　谁是刺猬中的领袖

刺猬是最具个性的动物之一,既具有极强的攻击性又最具敏感的自我保护意识,既张扬又内敛,我用它来比喻“鬼员工”丝毫没有贬意，寻找刺猬中的领袖就是在寻找这个时代最具代表性的人物。

大智若愚的员工

我国古代思想家老子的著作中有这样记载:“大象无形, 大音稀声,大智若愚”,可见大智若愚这个词在我国历史的渊源,到了现代社会更是一个人成熟、睿智的标志。而《周易·上经》之《坤卦》篇中:“六三,不显露、炫耀才华,固守柔顺之德,即使辅佐君王,亦不居功自傲,会有善终。”我想是对大智若愚最好的解释。

“聪明的人最愚笨,愚笨的人最聪明。”在企业管理中这样的员工不在少数,他们或被老板赏识得以重用,或被老板冷落门可罗雀,才华得不到施展。但无论是职场中还是生活中的大智若愚的人都是值得我们敬佩和学习的,他们不以投机取巧和阿谀奉承为能事,而把真才实干和谦卑谨慎作为做人和工作的准则。

把自己看得愚笨一些,身边的朋友也会慢慢地多起来。同样,职场中每一个员工也都不愿意在一个自诩精明的老板手下工作。表面智慧的老板为显示自己的英明果断会随时奚落一个比他反应慢的员工,尽管他的建议一文不值;反过来任何一个老板更不喜欢居功自傲自表自夸的员工, 这样的员工把谁都不放在眼里还要处处对老板指手画脚,不可一世,我想他可能要吃不了兜着走了。老板的眼睛里可不揉沙子,他一定会选择“合适”的机会,出其不意攻其不备杀杀他的锐气,叫他永久记在心里。遇到心胸狭窄的老板更会直接提出来:“我这里的庙太小,装不下你这个道高的和尚,另谋高就吧!”如果做一个大智若愚的员工,既不在老板面前炫耀自夸,也不在工作中落下表现的机会,正所谓识时务者为俊杰,就一定会得到老板的赏识和不断的晋升机会,到哪里都会把工作和人际关系处理得当的。

汉朝的宣帝时代曾有一名能干的官吏龚遂，虽职位不高但为官仁慈厚道，深得当地百姓爱戴。当时渤海一带灾害连年，百姓不堪忍受饥饿，纷纷聚众造反，当地官员镇压无效，束手无策。汉宣帝非常着急，渤海一带是漕运的重要关口，也是运送皇粮的必经之路，周围百姓的安危关系重大，于是，就派年近七十的龚遂去任渤海太守。龚遂轻车简从到任后，安抚百姓，与民休戚与共，鼓励农民垦田种桑，规定农家每户种一株榆树、一百棵白菜、五十棵葱、一畦韭菜，养两头猪、五只鸡，极大地鼓舞了百姓，于是百姓开始种田种菜，灾荒基本得到了缓解。经过几年治理，渤海一带社会稳定，百姓安居乐业，温饱有余，龚遂名声大振。于是，汉宣帝召之还朝，龚遂手下有个姓王的属吏，也想随同去长安，其他属吏对龚遂劝阻道："这个人，酷爱喝酒，好说大话，不应带他去！"龚遂说："他想去就让他去吧！"到了长安，姓王的属吏果然终日沉溺狂欢。一天，他听说皇帝召见龚遂，便对龚遂说："天子如果问大人如何治理渤海，大人当如何回答？"龚遂说："我就说任用贤才，使人各尽其能，严格执法，赏罚分明。"姓王的属吏连连摇头道："不好！不好！这么说是不是有自夸嫌疑呢？您这么说：微臣的功劳不足，都是天子的神灵威武所感化啊！"龚遂听取了他的建议，照他的话答之。汉宣帝听后大悦，便将龚遂留在长安，委以显要而又轻闲的官职，使之得以安度晚年。而那位姓王的属吏依然歌舞升平，混沌度日。

龚遂得到皇帝的赏识，不仅仅因为他兢兢业业勤勤恳恳的工作，更重要的是由于他谦虚谨慎的做人态度和大智若愚的心境，在治理渤海灾情时，他善于动脑筋，找到了百姓灾情的根本原因，劝阻人们放下打打杀杀的念头，把主要精力集中在生产上，自己动手建设家园。而他对于下属却表现了极大的宽容和接纳，最终得到了悠闲的职位和待遇，看似愚笨，实则大智慧也！他的下属确实非常聪明但却不愿意付诸行动，最终他的聪明才智也是白白浪费掉了！

搞掂真经

职场中最忌讳的就是自表其功，自夸其能，对上司居功自傲，目中无人，对下属指手画脚，不可一世，这样做很有可能成为被上司和同事冷落的对象。

鬼灵精怪的员工

鬼灵精怪顾名思义指的是头脑聪明，看待事情的想法稀奇古怪，标新立异，做事不拘泥常规。这样的人在生活中的种种举动往往为常人所不能理解，例如怪异的性格，喜欢出其不意的行为等等。在工作中更是不安定分子，制度和约束也奈何不了他。但任何事物都是有两面性，积极的一面，利用超常规的思路可以给企业提出诸多冒险方案，说不定也是一个带动企业的前进和活力的大好机会；消极的一面就是不按常理出牌，即便是大家都经过确认是个最佳捷径的时候也偏要拧着干，也许是性格使然或独特的天资和才智决定的。有人冠给他们的名词有：标新立异、独树一帜，敢为天下先；也有的人认为是脾气古怪，无厘头，瞎胡闹，缺乏团队合作精神，不是好员工。

职场中鬼灵精怪的员工由于职业取向不定，也表现为在某一岗位干两年，换另一岗位再干两年，如此反复，而从不曾自省：如此走走停停，到哪里才是一站。其实凭借其鬼灵精怪的聪明才智，足可以找到一份满意的工作，但由于责任意识淡薄，自制力和忍耐力较差，总认为还有更好的工作，聪明又机灵的才华根本没有得到实用，也做不到爱岗敬业。在同事关系中也因脾气秉性和思维方式有别于常人成为异类。在这种情况下，企业如果有意留住人才，认为他的才能正适合某方面的工作，就多分派一些富有挑战性的工作，有压力才有动力,使其“职务充实化”。如果他能做十分的工作,还要给他十二分的自由空间，让其认为自己做的是值得做的事，激发他们的热情和才智,让其独特的品质有所用途,同时也能给企业开拓新的思路,找到新的机会。

武汉的一家机械厂里最近成立了调度科,采购、仓管和生产都由调度支配,于是采购科的小姚成了主要角色。小姚是个鬼灵精怪的小伙子，凭借办事机灵，由流水线上的普通工人迅速地被提升到采购部,近1/3的配件都由他采购,工作方法也非常灵活。但他对待本职工作三心二意，经常开小差，如果被领导发现就嬉皮笑脸地糊弄过去,由于他的业绩不错,领导也不跟他计较。小姚采购的50%是用于去年上马的一种新产品配件,生产配件的外协厂都是他独立开发的。但最近有人反映他私自参股了一家外协厂,从中分利,可厂里规定任何人不能与外协厂有利益关系。由于采购计划是按整套产品的配置来确定配件数量,但有些配件易损耗,于是会适当增加一些常用配件的采购量,小姚就把这部分的采购量分配到他参股的那家工厂,结果经常因出现质量问题而耽误生产。一旦领导过问,还极力为那家厂辩解,别的同事提出换其他厂,他甚至还冷嘲热讽。整个调度科都被小姚搅得乌烟瘴气,其他员工都不愿与他共事。于是,厂长将各调度科近半年内配件采购和销售情况列表,调整了采购计划。同时,安排新员工进入采购部,还规定采购员提供外协厂财务部门的联系方式。既规范管理,也切断了他和那家外协厂的利益渠道。另外,新员工也发展了一批新的外协厂,小姚也被辞退了。

唯物论的观点认为劳动创造人本身，各种各样的劳动也磨练出各种各样的人群。一个工厂里的职工不可能都是一个脾气一个心眼，各有各的心思才是各部门的需要。但这些心思应是光明正大的,是为了千方百计的把工作做好,而不是挖空心思地不惜为自己的利益损坏集体的利益。我们生活在一个多元化的社会里,必然也会产生多元化的致富路,头脑灵活思路敏捷非常可贵,但千万不要"聪明反被聪明误"。

搞掂真经

鬼灵精怪不是投机取巧,不是见利忘义,而是脚踏实地,不损害他人利益基础上工作风格的独特"各色"。

两面派员工

两面派这个词的历史渊源我们今天无从追究和考证,但是说出来大家一定都不怎么喜欢。两面派指的是在面对不同的人和事时表现出来的截然相反的态度和方式,但无论从哪一个角度分析其出发点都是为了维护自身的利益或者损害其他人的利益,以达到为己的目的。

现代企业管理中的两面派员工又给这个词赋予了具有时代特征的新含义。两面派已经成为一个人成熟的标志,谁要达到"见人说人话,见鬼说鬼话"就说明这个人很会做人。甚至三面派、多面派,两面三刀、八面玲珑,都成为人们的必修课。在工作中两面派员工描述给老板的事情是一个版本,在同事面前说的又是另外一回事儿,事实的真相早已面目全非了。这样做的目的是避免与人短兵相接,面对面的对质,无论见到谁永远保持和颜悦色。所以,你永远都不知道他是否诚实可靠。看起来,一副"慈悲为怀"的样子,但内心意图却相去甚远。由于他的两面性使人很难发现他的破绽,即使发现,他仿佛也会虚心接受，一副很诚心诚意的样子，说不准转身就去实施报复了。在职场中为确保自己的饭碗，大家都睁一只眼闭一只眼，即使明知是谎也没人去较真，尽量少去招惹是非，更没有人敢去当面揭穿。

小钱是一名西装笔挺的白领，可最近公司里的人际关系却越来越紧张。上周，同一部门里的两位经理吵了起来，经理独自有个办公室，而副经理却没有，这一下子就体现出上下级了，而这对于副经理来说是一件非常没面子的事情。事情虽说不大，但是两个上司存在的矛盾已不是一天两天，副经理早就惦记着正经理的职位呢，可正经理既不调离也不提升，这可急坏了副经理了。现在又发生了这样的事，正愁没机会理论呢，这会儿就偏要"见个分晓"。按理说经理职位高，肯定得到上级重视，可是副经理平时挺照顾小钱的，报销个东西都想着他。小钱怕"站错了队"，以后被"穿小鞋"，甚至丢掉工作，正在为应该支持谁的问题上发愁。

其他的同事也都很矛盾，到底做不做这个两面派呢？"人在职场，咋能不挨刀"，小钱觉得只有认真选择一下，"权当一次工作考验吧，做好了前途无量，做不好，就回家。"还是选择了支持他的主管领导，不当两面派。现在他只是希望上司的上司是个客观公正，把心思放在工作上，对事不对人，不为权利面子争风吃醋的人。这样即使他不小心站错了立场，也还可以挽回，不至于落到被领导排挤，卷铺盖走人的地步。

领导之间发生矛盾了，还真是一件让人头痛的事情，可这样的事情又避免不了，做"老好人"和"两面派"成了大多数人的选择。久而久之便养成了中庸甚至两面派的性格，只要是有矛盾的地方，就躲得远远的，怕引火上身。其实如果是为一些无聊的事，那就大可不必为站在哪一边而苦恼，这样既浪费精力又得不偿失；如果是公司的重大

决策问题,很明显地能够看出哪一种方案有利公司发展,就要毫不犹豫地明确立场,坚决不能当两面派,老好人。

搞掂真经

“两面派”是如履薄冰的忐忑,是夹缝中的尴尬,是左右逢源丧失原则的世故圆滑,虽可理解,但不足取。要鼓励员工心地光明、坦诚,而不能人前一套背后一套,损人利己,更不能左躲右闪的怕招惹是非的一味谨慎小心。

小心眼员工

“小心眼”指心胸过于狭窄,不够宽宏大度且经常猜疑他人,容易为别人的一句话生闷气,或在一些小事上斤斤计较,有时甚至“无事生非”。这些“小心眼们”还会给自己的想法找很多“合理”的理由。从心理学角度看,“小心眼”是缺乏自信的一种情绪体验,是影响人际交往比较严重的心理障碍。现代人的工作和生活都难免会遇到各种各样的困惑,无法预料又无法避免,如果一味地去钻牛角尖,非要分出个你死我活,非但是对别人的不宽容不理解,也是跟自己过不去。其实“小心眼”的猜忌之心都是在气自己,伤的也是自己,也许对方是无意识的玩笑,却给自己带来无尽的烦恼。

在职场中要看开,避免“小心眼”,就要做到:

一、充分认识自我,避免与别人错位的比较。在工作中的自我认知上,客观评价自己的优缺点,优点继续发扬,戒骄戒躁;避免缺点或者改正。保持健康的心理状态,不把自己的短处与别人的长处相比,在社会活动中的期望要合理,要懂得每个人的成功都不是随随便便轻而易举的，充满信心，不畏惧困难，经常给自己一些积极的心理暗示。

二、努力培养开朗乐观的性格。内向性格的人最易形成“小心眼”。工作中多与同事交流，改变多愁善感、胆小、见人易害羞的弱点，大胆与人交往，敞开心灵之门，学会与人相处交流感受和经验。逐渐掌握了交往技巧，朋友多了，就会产生一种责任——让别人快乐，同时也让自己快乐的责任。

三、不惧怕失败，不归咎自己。工作中总会遇到意想不到的挫折，无论造成多么大的损失都要吸取积极的经验和教训。不把全部责任都归咎自己，自我谴责不是责任心强的表现，只会让别人怀疑你的能力。所以，千万不要轻易否定自己的工作能力，限制自我潜能的发挥。

李勤是居民小区物业的保安，每天上班很辛苦，工作时间也很长，下班之后就累得只想休息，更别提空闲时间了。上班时间和同事聊天影响工作，下班后时间有限沟通的就更少。公司管理也比较严格，动辄就罚款。李勤是个上进的孩子，平时在自学大学的课程，所以工作不忙的时候就把课本带到工作场所，所以常因为上班看书或者打瞌睡这样那样的事情被队长抓住把柄，轻则教训一番，重则罚款检讨。就这样，他与队长的关系日益恶化，矛盾也不断加剧。他也找朋友诉苦，说队长经常专门与自己过不去，又说队长趋炎附势，只知道舔老板的屁股，弄得其他同事都不敢靠近他。朋友劝他，凡事应从自己开始做起，先检讨一下自己各方面的情况，在做好本职工作的同时还要多与同事沟通，相信队长也是对事不对人。过不多久，李勤又与朋友联系了一次，这回他欣喜地告诉朋友，他与队长终于冰释前嫌，把心中的不愉快都说了出来，队长说他在工作时间看书罚款是有些重，虽然学习很重要，但小区居民的安全更重要啊！这也是给其他同事提了个醒，望他能理解。李勤也向队长表明了不该把这件事想得过于复杂，以后大家在工作上互相配合，一起

努力。现在终于体会到了工作的快乐。

随着现代社会人们工作和生活节奏的加快，很多人往往觉得没有时间或不重视人与人之间的相处，发生一点小摩擦后就不愿主动化解，甚至互相猜疑，使同事间的关系逐渐恶化，给自己的工作和生活带来很多困扰，甚至损害了身体健康，得不偿失。越在这种时候更应该放宽心胸，不要为一点小事斤斤计较，生活这么大的压力，已经够我们承受的了，把心情放轻松，淡化身边的是非，我们的生活会更美好。

搞掂真经

克服心胸狭窄，从自我封闭的牛角尖中解脱出来吧！宽容地善待身边的人和事，他们也会给你以真诚的回报。你会发现你的斤斤计较和无事生非竟都那么的渺小和不堪一击，自己竟然是那么的不成熟。

任劳任怨的员工

任劳任怨是中华民族的传统美德。在今天的生活和工作中依然为人们所推崇。就个体来说，任劳任怨是生存之本，是为自己的生存着想，为今后的长远打算着想，面对这么大的社会压力没有任劳任怨的精神，持碰运气投机取巧的心理是很难生存下去的。

在如今的职场中要做到任劳任怨可不容易，可以说每个员工工作压力都很大，很辛苦，也很累，很难再分出更优秀的。有的人这样认为，工作这么辛苦，如果不让领导和同事知道的话，岂不是太冤了？不声不响地工作就会被领导淡漠或被别人忽视。只要不是过分夸大自己做的事，时常提起和强调一下，也不为过嘛！平时多留意别人有没有同时做这件事，如果没做，自己也丢下不做，免得自己受累吃亏不讨好，还会遭到同事们的嫉妒。其实，大可不必这么做，你所做过的每一件事，别人都看在眼里，无论说与不说，在心里都会对你这个人有一个客观的评价。正所谓群众的眼睛是雪亮的，你的任劳任怨和勤勤恳恳，超强的忍耐力和心理承受力，甘愿自己吃亏，从不拿自己和别人比较，一心一意为大家着想，从不计较个人得失的做人态度，大家都会说你是一个好人。

周强是一名超市的理货员，他任劳任怨的精神值得每一个员工学习。在店内，他积极学习、虚心请教，在极短的时间里很快熟悉了部门内各类商品及相应的供货商。他一直以饱满的工作热情，认真负责地做好每一项工作。粮油部的商品是日常的必需品，上货的频率极高。在班内，他总是抢着拉货、上货，因为经常使用“地牛”，他的手上磨出了茧子，但是他从没叫苦叫累。他勤勤恳恳、任劳任怨、积极主动忘我工作，赢得了主管的肯定与好评，大大鼓舞了同事们的士气，提高了团队的工作热情。在平日的工作中周强具有极强的团队合作意识，从不计较个人得失。在“非典”期间，顾客大量购买粮油米面，一天不下30盘的工作量，他仍然认真仔细地做好本职工作。一些员工因害怕感染“非典”而不来上班，造成店内人手紧张，周强为了不影响店内销售，在结束自己一天的工作后，每天多加班好几个小时。一个月下来一天班没休，圆满地完成了部门经理安排的工作。由于周强的热情周到的服务，使店内多了些回头客，超市的经济效益也因此提高了不少。经理特地发给了他奖金作为回报，另外还把他的事迹写成了报告，鼓励所有员工。

周强是一个既平凡又普通的员工，也是一个典型的勤勤恳恳、任

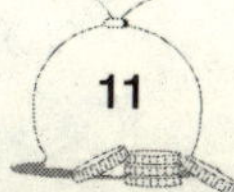

劳任怨的劳动者。他的形象,给我们现代年轻人的启示很多,作为一名劳动者,处处为集体为大家的利益着想,不计名利,吃苦在前,享受在后,成为年轻一代的楷模。也许你会说,我现在整日加班,不也在为人民服务吗?的确,主流意识的转变对优秀与平庸的评选标准也是不一样的,这还需要根据每个劳动者工作的情况具体问题具体分析。

搞掂真经

任劳任怨是发自内心的真诚,是不计名利报酬的无私奉献,是风雨无阻夜以继日的韧劲,不是冒傻气,更不是软弱可欺。如果发现这样的员工,一定要"搞掂",要重用。

撒懒蹭滑的员工

员工的撒懒蹭滑是每一个老板头疼的,讲话油嘴滑舌,耍无赖,但并未犯任何原则性的错误,仅仅因为懒惰就开除,理由也不够充分,只好时刻的督促了。其实不仅在工作中,就是生活中遇到这样的人,也是不太受欢迎,撒懒蹭滑的习性很难改正。工作中同事也不愿意靠近撒懒蹭滑的员工,近朱者赤,近墨者黑,老板看见了也会把自己归结到懒惰的队伍中的,何苦呢!撒懒蹭滑的员工在工作中思想不端正,能偷懒就偷懒,能拖时间就拖,遇到重大事情还脚底抹油,就数他溜得最快。这种人其实是自以为聪明,他的撒懒蹭滑的举动是被人力资源部的经理一一看在眼里啊,下面我们就来看看他们是如何伪装的吧!

手拿文件到处走型:手里拿着一份文件,眉头紧锁,这里转转,那里看看,连上厕所都拿着份报纸,给人感觉他很忙碌在四处找人商量难题,一刻不放松,很认真刻苦的样子,老板一定觉得他是一个很爱钻研的员工。

时时刻刻用电脑型：你一定认为一刻不离电脑一定是很忙碌、很积极的在工作吧！可仔细观察就会发现，他在聊天、写情书、看股市……没一样是与工作有关的事。怎么样，这招很难被发现吧！

办公桌上杂乱无章型：办公桌上要是整整齐齐，一看就是手头上的工作已经告一个段落，现在正闲着呢，没事做才收拾一下东西。但要是把办公桌堆得满满的，去年文件和今年文件都放在桌面上，给人感觉就很劳累很繁重，谁不知道在这些文件里睡觉也很舒服啊，老板来了，随手拿起一份文件再仔细阅读一遍吧！

早来迟走免闲话型：早晨上班早来一会没什么，还免于堵车呢！何况也不需要特别早，只要比其他员工早一点点就行了。下班时只要老板还没走，就等其他同事走后和老板打个招呼再走也不迟嘛，给领导留下个好印象，哪怕今天一天什么也没干也没关系！

怎么样，上面的这些员工的举动你是不是似曾相识呢，遇到这样的情况我们该怎么办呢？看完下面的故事再告诉你吧！

从前有一个商人，他养了一头驴，驴子驮着货物一直跟随商人走乡串村。一天，商人听说海边的盐很便宜，于是他便拉着驴子去驮盐了。

海边的盐果然很便宜，商人买了不少，驮在驴背上，准备去卖了。一路上都很顺利，没有遇到什么险路。走着走着来到了山间，要经过一道狭窄的石桥，驴子一不小心滑倒了，跌进了水里。驴子挣扎着逆水而游，可河水把盐溶化了，也冲走了，只剩下几条空口袋还系在鞍上。上岸后，商人很生气，但也没有办法，路太难走了，难免翻车。他们继续往回赶路，但是驴子很高兴。过了不久，商人决定再去贩一次盐，于是他又带着驴到海边去了，让驴驮上盐往回赶，又来到了那座狭窄的石桥，驴想起上一次的情景真是轻松愉快呀！这一回它故意跌进河水里去，直到盐溶化得一干二净，它才上岸。商人觉察到了什么：冲跑了整整两

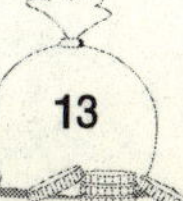

驮盐，存心跟我过不去。这一回商人又来到海边，买了一大驮海绵，放在驴子身上，驴子很高兴，这么轻到了水里岂不是更轻了？到了石桥边，驴子又摔到水里去了，假装挣扎了一番，可它站起来却非常困难，吃力地往上爬。这时，商人弯下腰把这头喘着气、喷着白沫的驴从水里拉上了岸，牵起湿漉漉的驴子就向山腰走去。而驴子则迈着沉重的步子前行，这回耍滑，驴子驮的东西重了不知多少倍。从此，驴子在随从主人去做买卖的时候，再也不敢撒懒蹭滑了，因为它永远记住了这一驮湿漉漉的海绵。

商人用海绵来巧妙地惩治了撒懒蹭滑的驴子。在企业人力资源管理中，面对员工的“出勤不出力”，变法子撒懒蹭滑的行为，虽然可以制定许许多多的管理制度来避免或制止，但是再完善的管理制度也不可能是无懈可击的，总会有这样或那样的一些小漏洞，被一些别有用心的员工钻进去“乘大凉”。一旦发现新情况，管理者一定要及时出台“补丁程序”，为相关的管理制度制定补充规定，这样就能使管理制度起到奖勤罚懒、奖优罚劣的功效，情节严重者可以开除，以儆效尤。

搞掂真经

面对员工“出勤不出力”，或想方设法撒懒蹭滑的行为，一旦发现，要及时出台相关的管理制度或制定补充规定，这样就能起到奖勤罚懒、奖优罚劣的功效。

聪明员工

西方学者给聪明下了这样一个定义，聪明是一种没有偏见而看的能力，没有干扰而听的能力，和做事情时没有任何预设观念的能力。聪明与智力不一样，有智力的人会持续地携带着偏见、信息、预设立场、信仰、经验，导致无法倾听，在你说之前，他就有结论了。不论你说什么，都通过他头脑中的重重思考，你的话到达他脑子里已经完全失了真，他实际上是封闭得又聋又瞎的，所以只能说他有智慧但并不能说明他是聪明的。

我们这里不必讨论东西方谁对聪明的理解更准确，只谈职场中的聪明员工，粗略地可以分为两种，一种是表面装聪明，不懂装懂，看似理解了、学会了的样子，其实根本没动脑子，这全是虚荣心在作怪；另一种是实在的聪明，这类人一般不需要刻意地表现。但即便不表现，聪明的本质是早晚会被发现的，在工作中的灵巧应变，游刃有余的出色表现明显高于常人。这样的员工被发现使企业如获至宝，很快就会得到重任，使其充分发挥聪明才智，为企业效力。相反那些表面聪明、假装聪明的人，由于善于在很短时间内捕捉到领导的喜好，所以第一面会给人留下很好的印象，但时间久了，他的拙劣的技术，他的不懂装懂、不会装会、不思进取的表现，与当初机灵善变的言语名不副实，终究也会被淘汰的。其实这也是为伪装的聪明所绊倒的。

俊的部门主管前几天离职了，办公室一下处在没人管理的状态中，尤其是铃，兴奋的不得了，终于没有人可以管她了。但是俊从没有因为部门里没有人管理了就松散下来，依然每天严格地要求自己，他觉得自己来公司的时间最短，所以能多做的事情抢着做，能多学的东西还是尽量多学，他觉得知识学到肚子里是自己的谁也抢不走。一天中午，同事们一起出去吃饭时，玲突然头痛得厉害，于是，俊很是关切地问："怎么回事？很不舒服呀，是不是没休息好，还是刚才喝点酒才这样？"玲揉了揉头说："没事，一会就好了。"俊就说："呀，可不能大意。要不，我陪你去检查检查。"于是俊把筷子放下，坚持要陪她去。到了医院，没想到，挂号、诊治、交费、检查，每一样都要排队，还好有俊帮忙。可到上班时间了,检查还没有完。俊就说:“你放心检查吧,我会帮你跟老板请假的。”于是,他匆匆上班去了。看完病已是下午四点多了。玲从医院出来就直接回家了,俊晚上去她家看望,还告诉铃,已帮她请了假。几个同事这时候也一起到了她家,问候她看病的情况。到了晚上,老板竟带了补品到铃的家去看望她,还允许她在家休息三天,让玲很吃惊也很感激。三天后,玲病好了去单位的时候,同事告诉她:俊已经升职为主管了,大家都很高兴他能当主管。玲也感到很高兴,觉得俊在她最困难的时候帮助了她,现在主管职位空缺,他理所当然成了部门里的主管。

一个企业的员工,不仅在平时的工作中善于总结和学习,还要善于抓住时机,把握好自己每一步成功的脚步,俊就是这样的年轻人。他利用了这个帮助同事看病的机会顺利地接近了老板,让老板第一时间物色到了主管的人选,俊也得到了升迁的机会。这也是一种聪明的表现。

搞掂真经

苏格拉底认为自己的聪明之处是“自知自己无知”,可惜这句话并没有多少人真正懂得,希望职场中的人都能够懂得。

笨拙员工

有人问李嘉诚,做生意最大的收获是什么?他说:诚信,把自己想得笨拙些,不可投机取巧。这句话给每一个人的触动都很深,原本还以为能打探到有什么样的独门秘籍呢!李嘉诚这样一个没有人认为

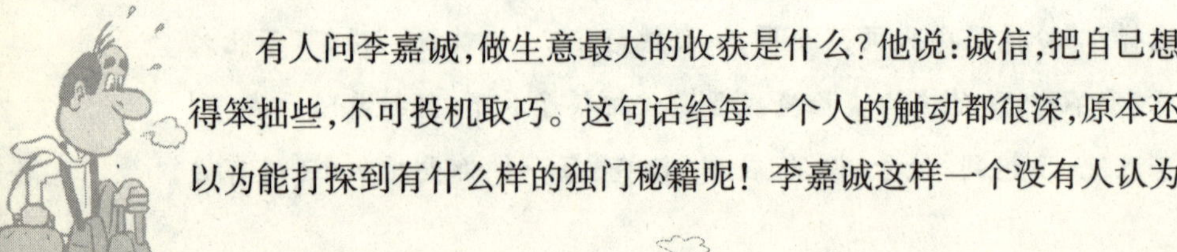

他的成功不是靠天赋和聪明才智取胜的人，而他却认为自己是一个最笨拙的人！好一个笨拙精神啊！把自己看得笨拙些，可以有勇气袒露自己的无知，可以毫不扭捏地表示自己的疑惑，未被污染的纯真好奇，激荡起的是真切痴情地向往，那份笨拙感唤起的是明明白白的执著探寻。把自己看得笨拙些，不是自卑削弱斗志，不是用软弱替无为辩解，更不是懒惰落后的自暴自弃。把自己看得笨拙些，把别人对自己的期望和赞扬以及自认为的才华本领降到最低，蜕去一切虚伪和空洞的外壳，真真切切地做实事。

职场中千万不可小看笨拙的员工，更不可以藐视、欺负那些现在还处于笨拙阶段的人。也许在短时间内他们的学识和技能还没有真正达到熟练和掌握的程度，殊不知他们正以不离不弃的精神奋起直追。虽然前进的步伐慢了一点，但只要拥有坚韧的信念，是一定可以站在最高领奖台上去摘取那枚属于巅峰人物的奖杯的。而那些自认为高明和聪明的人，却容易投机取巧，自高自大，认为别人的成功都是靠运气和手段取得的，对于别人的劳动成果嗤之以鼻，不屑一顾。

慧是一名杂志的编辑，每天工作离不开电脑，可前几天电脑坏了，程序瘫痪。高手朋友告诉她，只有重装了。由于电脑里保存着多年来工作记录和采访的重要文件，只能无奈地暂时放在那了。一次，她在一个家电维修店无意间和店主聊起电脑的话题。店主说，他以前也接触过电脑，于是到了慧的家，打开电脑，在黑色的屏幕上输入一串英文字母，回车，再输入一串字母，再回车，如此三番，不到五分钟就好了。她一试，果然，打开机器，里面的文件一件也没有少。困扰数位"电脑高手"的毛病，竟然如此轻而易举地解决了。慧问他，这么好的手艺完全可以去做电脑程序师啊！店主却说："我只上过小学，没读过初中，更不懂英文，哪成啊！"

原来店主在二十年前，还只是一个农民，为了摆脱贫困，来到城

市。找工作频频失败使他意识到，没有一技之长很难立足，于是他开始自学家电维修技术，他知道自己文化程度不高，于是面对密如蛛网的电路图，他采用的是十分笨拙的办法：死记硬背。别人一天能够掌握的东西，他宁肯花上一个星期甚至更多的时间，把它们背下来，然后再去上机进行实际的操作。几年中，他硬是背下了上百张的线路图，做了十多本笔记，工作也越来越得心应手、游刃有余。这些年，他又学起了电脑，用的也是同一个方法：死记硬背，每天连吃饭睡觉都不忘记背几个单词。其实他也不懂得那些英文的意思，更不大懂程序的来龙去脉，只懂得输入什么字母解决什么问题。如今，这位店主经营的家电维修部，生意十分红火。

修电脑的师傅把自己看成了一个笨拙的人，而脚踏实地从头做起，从小事做起，从点点滴滴做起，积累起来的经验远远比那些拥有高文凭高学历自命清高而眼高手低缺乏基本技能的人实惠和实际，他在经历了职场的失意之后，善于总结经验，把学习掌握劳动技能作为自己人生的起点，最终站稳了脚跟，也得到了人们的认可。在现实生活中，我们经常发现，那些功成名就的人无不经历了无数次的失败，正是他们这种不怕吃苦勇往直前的人，才能最终走到顶峰，就像一首歌曲里唱的“没有一个人能随随便便成功！”

搞掂真经

不妨把自己看得笨拙些，不凭侥幸去瞎碰，不去玩潇洒放纵，踏踏实实走好每一步，认认真真过好每一分钟，牢牢准准地掌握好每一项技能。自信骄傲地承认笨拙，催发起实实在在的上进。

第二章 剥开层层洋葱皮

作为一个企业的管理人员，应对你所创办的企业了如指掌，企业的方向，企业的战略目标，企业的管理机制，企业的人气等等，回味一下你的企业，就像剥开层层的洋葱皮一样，仔细思考一下是否有存在问题的地方，是否完美。

你在员工心目中的形象

在相当长时期内,中国人是没有“老板”的概念的。搜索曾经的“老板”形象,最具代表性的形象恐怕就要属半夜鸡叫中的周扒皮和《白毛女》中的黄世仁了,他们在老一代心目中是典型的雇佣者形象,丑陋,贪财,好色,暴戾,无恶不作,是人们深恶痛绝的人物。

现如今的“老板”一词早就成了年轻人心目中的职业理想目标。从美仑美奂的广告到媒体鼓吹的生活方式,做有钱人,当老板,成为新一代年轻人追逐的梦想。伴随著名杂志《福布斯》所做的《中国富豪榜》榜单在不断更新,越来越多的中国土生土长的老板也如雨后春笋,纷纷刷新富豪榜。那么,作为现代企业老板,你是否考虑过你在员工心目中的形象呢?什么样的形象又是让员工满意的呢?

你是否有出类拔萃的个性?个性化,现已成为老板形象的点睛之笔。它与个人的阅历、文化修养、知识结构有很大关系,而不是仅用服饰来体现你和他人的差别,这些文化修养积淀而成的只属于你自己的独特魅力,令别人只可羡慕,却无法企及,无法效仿。

你是否有超凡脱俗的风度?老板的风度是你以职业形象示人的一面,也应该说是你的公众形象。无论发型、妆容、服饰都要突出成竹在胸、稳操胜券、运筹帷幄的大家风范,更要有举重若轻的心态和泰山压顶而面不改色的心理承受能力,是你员工心目中的一面旗帜。

你是否有永立潮头的时尚品位?遨游于商海,在流行信息中徜徉,时尚潮流应该多少左右一些自己的形象。置身时尚社会之中,若全然没有感受,或是自我偏执,甘愿留在潮流之外,会让员工甚至客户联想到你的企业发展的脚步是否在跟随着时代的节拍，你的企业又能在高度发达的信息化时代停留多久。

王健是一家国内大型企业的经理助理，她的直接上级就是经理，可经理却是一个口齿不清的人。这可让她麻烦了，这不，她的经理又开始说话了："王健，你把上个月的……拿过来给她，还有……千万不能忘记。"说完，老板就忙着接起桌上一直响个不停的电话。天啊，老板刚才说什么了啊？这样的事情，不止一次发生在她身上。王健的老板是一个相当有魅力的人，担任他的助理，她可以有幸近距离地从他身上学习那些总超前于他人的敏锐思想。但是老板有时实在太忙，语速又太快，有几次在车上，看着老板好不容易有时间可以睡上一会儿，她实在不忍心也不敢再问："老板，你刚才说的是什么啊？"一次没有听见，她可以鼓起勇气再问一次，第二次还是没有听清楚，她揣着紧张的心情再小心询问了一遍。可是，两遍之后还是没有听清，王健就不敢再问了。凭借经验，她学会了猜，大概是她运气好，又或者是她对老板的观察细微，这样的谜语十有八九都被她猜对了。但是，在猜错的时候，就会被老板狠狠地骂。一次次的变本加厉的骂人，把王健心里当初见面时的老板的形象完全打散了，她现在觉得老板就是一个丧心病狂的病人。明明是老板自己搞错了，口齿不清，表达不明，这样的心情极大地影响到王健的工作情绪，但在办公室里又不能表现出来，王健考虑了一下，还是决定结束这种状态，就向老板递交了辞职报告。

作为老板，重压之下，在实际工作之中，有时也会健忘，但不能不讲道理，颠倒是非，更不能出口伤人。员工来企业工作，在职位上是下属，但在人格和尊严上是一样平等的人，不能任意辱骂和诋毁他的人格。

搞掂真经

老板的形象不仅仅是衣装得体的外表，还有坦诚明净的心灵，不能把自己的下属当作可以任意摆布的木偶——他除了职位比你低以外，人格、自尊都是平等的。

你的领导技能是什么

企业决策者的有效管理能够为企业带来健康的良性循环，而决策偏差会给企业带来损失，甚至是意想不到的灾难。因此，要想在技术革命的浪潮中站稳脚跟，企业决策者的领导技巧对于一个企业是至关重要的。

富有想像力。学习和观察是想像力产生的基础平台。现代企业竞争力就表现在："不怕做不到，就怕想不到"。想像力，可以帮助企业领导者收集、获取大量信息，并把这些信息运用到企业的经营决策中去。

善于交际。交际是一种传统的沟通方式，交际能力在未来快节奏的工作环境中，是必不可少的。企业领导者在人际交往中听得认真、说得清楚、写得明白、叙述准确，将有不可估量的价值。

善于演讲。企业的领导者可以通过演讲来表达他的真实想法，对员工起到激励的作用。企业领导者出色的演讲能力在未来更多的人际交往中将是必不可少的。在企业内部，要通过演讲来传达企业信息；在企业外部，要通过演讲来吸引更多商机。成功的企业领导者往往是那些懂得如何表达思想，能够得到别人理解和支持的人。

具有出色的筹划能力。企业的大小事宜，例如企业人力、财力、物力的调拨，工作流程的设计，市场营销策略的制订，寻找赢利机会等等都离不开筹划，一个成功企业领导者的出色的筹划技能将是企业的重要财富。

用人技巧。企业管理以人为本的观念，已被现代企业家所认同。在企业内部，如何发挥人的作用，将成为新世纪企业管理的首要问题。人可以创造一切。

面对困境要镇定自若。要有处理危机的能力。对公司处于繁荣时期的领导者和正在带领公司摆脱困境的领导者的要求是不同的。对于后者，则特别要求其具有临危不乱、处理危机游刃有余的能力。也许善于处理危机的人并不一定适合在公司处于繁荣时期担任领导者，但是在公司处于困境时，则必须要选拔、任用善于处理危机、力挽狂澜的人。

善于变革。临危受命的领导者必须具有较强的变革能力。或者说，他应该是一位具有新观念、新思维的改革领袖，这样的人才可能抓住公司当前的症结所在，才可能有勇气、有魄力，大刀阔斧地改革。

精于预算。不可否认，企业是以获取最高利润为目标的。项目投资决策前需要预算，项目完成后需要结算，新世纪企业领导者良好的计算能力将有助于制定出可行的投资决策。

具有科学的决策技能。决策是企业领导者应具备的基本技能，也是企业经营成败的关键因素，成功的企业领导者必须具备科学的决策技能。

自学技能。随着科技的不断进步，知识不断更新，企业领导者由于工作性质决定，不可能有更多时间脱产深造，自学将是企业家获取新知识的重要途径。

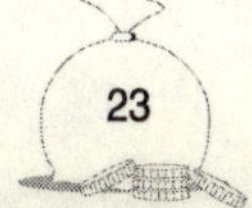

自从联想收购 IBM 以来，大家才看清楚 IBM 原来已经不堪一击了。其实早在 1993 年危机就已经降临了。那时正是路易斯·郭士纳成为 IBM 执行总裁的时候。他裁减了近半数的员工，注销了 200 多亿美元的资金。他在上任的 90 天内就做出了多项重大决定：保持公司的完整性，把资金投入到大型主机上。这在今天看来是正确的一步，但在当时却是一个十分大胆而又不得人心的举措，因为大家认为 IBM 再也经不起大的折腾了。郭士纳要把自己与生俱来的紧迫感带到 IBM。这种紧迫感源于他一生所表现出来的对金钱和地位的痴迷与强烈的进取心。没有一个正常的人会把郭士纳召开的会议描绘成是轻松愉快的：会前他要求各部门主管把运营情况和出现的问题全部都写下来；在用户会议上，他鼓动人们对他的董事会发难，如果董事们回避问题，郭士纳就会指定一个董事负责解决。他这样做的目的是使 IBM 人习惯正视困难。而他直率的作风让整个公司都感到震惊，渐渐地，人们看到在 IBM 好像吹进了一丝清新的风。他不顾公司内外的困难而开始削减开支，重建生产，剔除他不信任的员工。他用休克治疗法重振企业精神，并为主板生产线的整修更新而费尽心血。完善了售后服务管理，并把 IBM 重新带回了 PC 制造商的行列。他把长期贷款从 146 亿削减到 99 亿，并购回了 107 亿美元的股份，公司股票也回升到了每股 168 美元，经过这一系列的措施，郭士纳稳住了 IBM 下滑的趋势，挽回了 IBM 的一部分经济损失。

我们在 IBM 看到的是一个具有出色领导技能的领导，他有自己的风格和理论，这些理论对 IBM 的老员工来说非常新颖，也心存疑虑，但实践证明是基本符合 IBM 的发展之路的，一个企业的领导具有什么样的管理风格，企业就会出现什么样的局面，因此掌握好领导技能至关重要。

搞掂真经

老板的领导技能，在一定程度上反映着企业的发展状况，也引领着企业文化和员工的办事态度，培养自身出色的领导技能是老板的必修课。

你的公司人才机制怎样

在生产力的各个要素中，人最活跃也最具决定性，支撑经济与社会发展的各种资源中，人力资源也是首要的资源，在人力资源中，各类学有专长、干有技能的人才是核心更是精华，可见人才在什么时候发挥的作用都是不能忽视的。社会发展中的科学技术是第一生产力，而人才是科技的载体，没有人才无从谈科技。企业要发展、经济要增长、社会要进步、文化要繁荣，脱离人才都难以实施，所以如何选人、育才、留人、用才是关键，人才战略是第一位的战略。那么什么样的人是人才？怎样的用人机制才算合理呢？

前些年社会上对“该求学历还是求技能”的问题非常关注，一些媒体也纷纷关注，成为当时最为流行的一个谈论话题。讨论毕竟是讨论，风气过后就偃旗息鼓了。而在有些企业制定出的员工手册中仍然对学历、职称、名校、“海归”员工们的待遇级别做了明确的划分，把教育程度作为衡量人才的标准。而真正的工作能力与技能指数，却早已被抛之脑后。所谓人才机制，成了一个追求外在条件的机制，而不是把真才能放在第一位的机制。在这样的观念和机制的误导下，许多人都把追求学历、职称之类看得比增长知识和才能更重要。也给一些人弄虚作假提供了可乘之机，携带着“真的假文

凭”和“假的真文凭”的人，都混进了“人才”队伍。而真正需要考察的办事能力、创新能力，早已退居其次了。致使有些企业全部都是“持假证”上岗者，而那些有真才实学的人由于没有那块敲门砖，却被拒之门外。如果我们真心要培养和引进人才，就必须变追求外在条件为追求内在能力，营造绿色通道，为人才的成长提供正确的导向，创造一个科学的人才成长的机制，让人才有的放矢，为企业为社会创造有用价值。

从前在一个寺院里，住着七个和尚，他们每天上午出去化缘，晚上背诵经文。可每天化回来的食物只能够维持一桶粥，明显不够吃，所以他们决定平均分配。第一次，抓阄决定谁来分粥，每天轮一个。于是乎每周轮下来，很显然他们只有一天是吃饱的，就是自己负责给大家分粥的那一天，于是大家都盼着这一天，最后为明天谁分粥而争论不休。第二次，商量推选出一个道德高尚的和尚出来负责分粥。强权就会产生腐败，大家开始为了每天能够多分一点粥挖空心思地去讨好那个和尚，最后搞得整个寺院里都乌烟瘴气的，原来关系好的现在为了这个也变得猜疑嫉妒相互不信任了。这一次，大家又决定组成三人的分粥委员会及四人的评选委员会，讨论每天由哪三个人给大家分粥，哪四个人负责评选和监督这三个人。由于谁也没有资格说服谁，众人乱成一团，互相攻击，争论不休，没完没了地扯皮，到最后大家都累得够呛了，分到粥时吃到嘴里也都是凉的了。最后，一个叫智能的烧火和尚想出了一个方法：每天轮流由一人负责分粥，但负责分粥的人要等其他人都分完后拿剩下的最后一碗。这样，为了不让自己吃到最少的，给每个人的都尽量分得平均，就算分到最后，剩下自己的那份即使少也只能认了。几个月后，筹集到一些善款，重新整修寺院，那个烧火的智能和尚被大家推选为住持，负责管理整个寺院，从此再也没有发生任何不公平的纠纷。

相同的七个和尚，不同的分配制度，不同的用人机制，就会产生不同的风气，这些不同的风气给整个环境带来的效应是完全不同的。蒸蒸日上的风气会给企业带来生机和活力，紧张猜疑无事生非的氛围会使集体陷于瘫痪。所以一个企业如果有不好的工作习气，那一定是用人机制问题，很可能是没有一个擅于发现问题并解决机制的人才。这个人才也许是领导，也许是普通的员工，总之不能以学历和职位来评定。

搞掂真经

人才是真才实学，是开拓创新；机制是团结激励，是科学导向。人才机制就是用科学的导向团结激励挖掘人的才能和开拓创新的能力。

你的管理风格是否独特

当企业的管理风格与员工的做事风格发生冲突时，企业是否还能保持原有的风格，要求不同风格的员工来适应你？还是采用不同的风格去适应员工？从企业发展的角度来看，无论是主管一味地去适应员工，还是员工一味地去适应主管，都是有失偏颇的。管理风格本身并没有好坏之分，只有适合不适合企业发展和员工的承受能力，组织理念作为经济的一个细胞，必然受到其所在的社会文化的影响。无论什么样的管理风格，只要符合企业的发展要求，符合员工的接受能力，就可以说是好的管理风格，管理风格的独特化是企业的独特工作需要和企业文化决定的，有什么样的企业文化就有什么样的管理风格。企业不能一味追求标新立异的管理而忽视了员工的感受和企业发展的需求。独特的管理风格是企业对待各类人才表现出来的管理方式灵活性;是对待员工的失误所表现出来的宽容和理解;是对待员工时成绩奖励方式的多样性;是企业在发展道路上开拓创新的求实精神和进取精神。总之,独特的管理风格一定是利于企业发展和员工需求的。下面介绍几种管理风格。

偏重任务的管理。这种管理只注意任务的完成,并不注意人的因素,职工都成了变相的机器。这种领导是集权式的,下级只能奉命行事,一切意见都可能受到上级的压制。结果职工都失去了进取精神,不肯用创造式的方法去解决各种问题,并且不愿施展他们的本领。

一团和气的管理。这种管理与上一种管理恰好相反,只关心职工,对生产任务却不关心。这种领导是老好人,一团和气,不得罪人。他的观点是:只要职工精神愉快,生产成绩一定很好,而且无论生产成绩好不好,都要首先重视职工的态度和情绪。

不高不低的管理。这种管理者知道下级同生产存在的矛盾,努力保持和谐的妥协状态,既不过分偏重工作,也不过分偏重人员,以免顾此失彼,激化矛盾。遇到矛盾,往往采取绕着走的做法,敷衍了事,能躲则躲,因此,公司中经常有一种妥协气氛。这种管理比以上几种略强,但不易推动工作的革新和促进职工的创造和发明能力;从长远观点看,在激烈的竞争下,可能后退或被淘汰。

协调式的管理。这种管理既重视生产,又重视人,对生产和职工的关心都达到了最高点。结果,管理工作发扬了集体精神,职工都能运用智力从事有创造性的、有价值的工作,并且能建立彼此之间的和谐关系,来完成公司的任务。这种管理的优点是:增强了盈利能力;改善了各单位的相互关系;充分发挥了集体的综合效率;减少了职工之间的摩擦,增长了相互了解;加强了工作责任感和发挥了职工的创造精神。

微软能有今天的特殊成就，应归功于比尔·盖茨的独特管理风格。盖茨自信他拥有世界第一流的人才，因此他敢冒风险以公司前途作为赌注。每年公司的集会，盖茨都会说："我们把公司的前途赌在窗口上或我们把公司的前途赌在网络上。"当盖茨以公司做赌注时，又是绝不允许失败的。微软长期一直都是只雇用最顶尖级的人才。微软所谓最顶尖是指在不同工作领域中最优秀的。微软关心的不是人员具备什么样的知识，因为知识很容易获得，也不是人员在校时成绩的好坏，微软需要的人才是最精明的，勤于动脑和思考，因为只有精明的员工才会很快改进错误，用各种方法改善工作，节省公司的时间和金钱。在公司里员工虽然有充分的自主权，但这并不意味着和主管脱节，事实上微软各部门的经理都充分了解他们部属的工作，而且几乎没有例外，每位经理都会做部属的工作。微软的各级主管首先要具有过硬的专业知识，其次才是管理和带人的技巧。微软公司人员的升迁完全决定在他们的个人能力上，而非年资、也不是按资排辈。只有工作表现最好的才能获得升迁，工作表现不力的就会被淘汰，因此竞争非常激烈。在微软，每个员工都要了解成功案例成功的真正原因。当一个计划完成之后，就会举行检讨会，会上所有人都可以在坦诚的、不带任何批判的气氛下检讨他们在这项工作中存在的失误，作为以后改进的参考。微软的员工对他们进行的工作有权做任何决定，因此他们的决策非常迅速。同时，每提出一项建议，还要提出相应的替代方案，并分析比较优缺点，训练员工的思考能力。当原案失败时，就可立即采取替代方案，不会措手不及。基于比尔·盖茨的出色的领导风格，微软才有了今天的辉煌。

一个真正好的公司无疑要从选用最好的人才开始，然后要提供

一个良好的工作环境，创造一个良好的组织结构，把公司的信念和价值观融入在细微的管理行为中，让员工的才能得以充分发挥和施展，维持高昂的士气，发挥团队精神。

搞掂真经

管理风格的独特性不应作为企业追求的目标，而应是不断摸索寻找适合企业发展的管理模式和方向。

你的公司管理机制如何

管理的价值观核心是效益，所以有学者把现代企业的管理归结为生产力发展的第四大要素。管理机制是否完善与科学，关系到企业的生机活力及其前进的方向和动力，能否实现产值等一系列关乎企业发展的命运。面对市场经济的大潮，要适时建立一个能适应当前改革与发展的企业管理新机制，维持企业管理运转的良性循环。

一个好的企业的管理机制应包括企业组织框架，相关原则与模式，企业前景与目标，业务的选择与投资来源、各个部门的组织结构等等。使企业各部门的运营更加透明，确保企业具有更高的效率和稳定性。

企业前景与目标：简洁清晰的前景或者蓝图是企业管理框架的原动力，它描述了企业管理部门将为企业做出的贡献。前景还可以采用业务评测指标的形式来表达（如利润率、市场份额、竞争力等等）。目标可以通过一系列的目标来量化，也利于监督与实施。

业务选择与投资来源：先进行科学的市场调研，找准市场，选择

与开拓有市场前景的业务高效地协作，企业管理部门和业务部门需要采用一致的组织模型和投资模型来推动相互的合作和明确各自的角色与职责。

企业部门组织结构：确保企业管理部门和业务部门紧密协作的另一个有效方法就是借助部门组织结构模型，让企业管理人员和业务人员结成紧密的工作伙伴关系，使整个企业的各个部门形成一个高效率运转的系统。

A公司是一家以生产电控机器为主的小型企业,B公司是它的零部件供应商,合作非常紧密。然而最近在业务层面上两家却时常有摩擦,A公司不满B公司违反操作流程,可公司的管理层却没有采取任何措施。A公司在开业初期由于技术力量薄弱,都由B公司协助改正,久而久之就习惯了,A公司改正后也未通知B公司,造成在客户面前的图纸和实物不符的尴尬场面。最近又使矛盾激化了。A公司认为有必要明确一下权责，提出与B公司签订针对零部件出现问题解决办法的合同,而在具体操作过程中,B公司还是更换配件也不通知A公司。A公司对产品进行试运转调试时,造成主机电控系统烧毁,幸好B公司的技术人员在场解决了问题,并顺利地调试完毕。事后A公司的技术部按照变更重新修订了图纸，在产品办理入库时品质部做例行的出厂检验时的电气图纸变更并未得到相关通报，了解情况后,认定是B公司违反了业务流程,拒绝做出厂检验并通知销售部门产品不允许发货,为了确保按时发货,经与品质部、技术部、采购部以及B公司的管理人员进行反复的协调沟通，并制定了一系列的管理制度,就事论事,B公司的做法违反了相关的业务流程。两家公司把权利责任进一步明确了之后,B公司也制定了操作流程的管理规范,矛盾化解了之后大家又继续愉快地合作了。

业务流程也需要企业管理制度来规范，因某个环节的违规操作，致使流程无法顺利运行，会影响到全局。俗话说“亲兄弟还要明算账”，这两家公司因为共同创业走到了一起，互相扶持互相帮助难能可贵，但是原则立场不能丢，这两家公司要是在合作之初就明确规定了权利与义务，大家互相监督也互相遵守，防微杜渐，做到心中有数，即便遇到小纠纷也能及时采取对策，不会等事态严重的时候出现不可挽回的局面。管理机制不只体现在对内的权责明晰，也体现在对竞争对手与合作伙伴的关系。这个故事给我们敲响了警钟，管理机制是一套科学的体系，需要有人制定，更需要有人维护与遵守。

搞掂真经

企业管理机制是一个流程，是一个框架，它为企业全面发展提供可供参考和执行的模式。这其中任何一个环节出了问题，都会影响到整个企业。

你的企业文化是什么

企业文化是一种管理思想和方法，为提高企业管理水平，打造企业形象，实现企业的短期与长期目标服务。企业的管理对象主要是员工，员工在一家企业工作一般基于两个因素的考虑：首先是感性因素，他感觉这家企业有前途，人气很旺，氛围融洽，呆着舒服；其次是理性因素，能在这家企业得到想得到的东西，包括薪酬、福利、培训机会、发展空间等。前者要靠企业文化、企业愿景这些软要素来激励和凝聚大家，后者就要靠人力资源管理，包括薪酬、考核、任免等制度和机制，让员工感觉企业有前途，并且能够在此实现自己的个人目标和价值。

企业文化主要包括三方面要素：共同的价值观、信念和行为方式。首先，价值观是企业文化中相对稳定的要素，比如企业提倡“诚信、创新”等，都是企业的一种价值观念，也就是企业发展的最高指导原则，还要有长久考虑。其次，信念是支撑企业价值观的各种信条、观念，比如人才观、竞争观等，结合企业的行业特点、市场状况、竞争对手等进行动态调整，是企业发展与竞争策略的指导思想；最后也是最重要的一部分就是行为方式，这是企业文化中最真实、最直接和最重要的部分，一个企业真正的文化其实并不是那些冠冕堂皇的“书面文化”或者“口头文化”，而是企业员工的行为方式，企业可以提倡“创新”，可真实的文化却是“小心驶得万年船”，如果忽视了理念与行为的一致性，企业文化就成为了形而上的“摆设”。

正确对待企业文化。不迷信企业文化。企业文化是一个长期的系统的工程，能解决人的观念的问题，是企业的持续发展的基本原则，是企业文化建设的核心。没有相同的观念，无法形成合力。企业文化不仅给员工听，更不展示企业形象用的，企业文化是高层的做事风格，关系到企业文化的真实性和有效性。再者，不貌合神离。有些企业说的是一套，但做的是另外一套，心口不合，内外不一，不但不能凝聚人心，反而会削弱领导权威，破坏企业氛围。最后，打造执行文化才是根本。企业要把中心放在执行已经确定的目标和方法上，靠管理制度才能执行，文化与管理制度相互促进，两者有机融合，文化中有规范，规范中有文化，只有这样才能让企业文化建设落到实处。文化离开管理的方法和策略会成为空中楼阁，管理离开文化的指导会沦落为赚钱工具。因此，把优秀的文化理念转换为企业的各项制度、员工的日常行为和企业的各项流程，这样才能形成执行文化。

绿世界集团的企业文化是:“具有服务意识导向”,员工在接受绿世界组织文化的同时,各种繁杂的规章制度也就深深内化在他们心中了。其企业文化核心就是:“餐厅经理第一”,在企业年会上,上百位来自全国各地的餐厅经理会因他们出色的成绩被授予优秀奖牌。南京绿世界总裁会向取得优异业绩的资深员工颁发刻有飞龙的“金龙奖”金牌。在南京绿世界餐饮集团下属的所有企业里,不仅企业要成长,个人也要成长,即“群策群力,共赴卓越”。对绿世界员工来讲,随着中国市场的拓展,他们的成长机会也应运而生。在绿世界,员工不会在一个职位上干太久。绿世界的阶梯型职业发展通道,使每一位具有潜质的员工都能看到攀登的希望点。对于供应商来说,绿世界带来的不仅是快速的成长机遇,并且从自身发展来说也使他们更具市场竞争力。企业、员工、协作厂商、合资合作伙伴在绿世界远景目标的引导下,通过沟通,彼此积极配合共同努力,结成一个紧密的团队,能达到整体绩效远大于个体绩效的成果。年会上,集团内各管理部门与合作伙伴、供应商之间就相互合作和未来发展方向进行探讨,交流经验,使彼此加强了沟通,增进企业凝聚力和追求卓越的信心。

绿世界的企业文化使企业成功,受到员工的普遍欢迎,达到了创建企业文化的目的,在创建和谐环境的同时,还把注意力放在培养员工、激励员工上,更是让员工感到了企业的温暖。

搞掂真经

企业文化不是企业用来追逐利润的附属工具,更不是愚弄员工的托词,而是实实在在地为企业和员工的发展创造的和谐共进环境。

员工尊重你，因为你的身份还是能力

每个人在别人眼中的形象，都不是全面的，也许仅因为一件小事就会对人做出评价和判断，所以要想在别人心中留下一个好印象，非常简单但也非常不容易，这是人际交往的一门哲学。在企业管理中，作为管理者，你在别人眼中的形象是凭过硬的技术和能力，还是凭耀武扬威虚张声势呢？有些管理者通常会给员工留下这样的印象：令人畏惧、难以理喻、无所不在、无所不能，对任何事情都亲历亲为，好为人师，怀疑所有人的能力。

人都是会尽力适应环境，员工在面对这样的老板时往往会投其所好：既然好大喜功，把所有的功劳都算到你头上就是了，虽然他并不认为这有多么高明，但只要老板喜欢这套就来这套；既然事事亲历亲为，就全由你做主吧！当然出了责任也是由你自己担着。遇到问题时，无论多急也要等老板来做主，否则如果私自做了决定老板不满意怎么办？还是等他吧！把对老板的尊重变成了依赖，顺便可以推卸自己的责任。这种尊重并不是因为对自己能力的否定和对老板能力的肯定，而仅仅因为他是老板，不听他的就有可能被炒鱿鱼。在这种不健康心理的作用下，管理失去了意义，企业也失去了真正的生机和活力。所以要想员工和企业齐心合力共同发展，老板必须放下架子，用实际工作和管理的能力来使员工信服，调动发挥员工的能力，建立和谐友好平等健康的工作氛围，互相取长补短，一同为企业出谋划策，贡献力量。

柯来到大城市发展已经有几年了，他经历了无数的辛酸，也见到各种各样的老板，而一家生产电脑芯片的新老板是给他留下心理

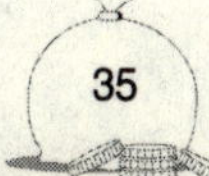

烙印最深的一个。在柯上班的第一天，靳老板就与他进行了一次简短的谈话，主要介绍一下企业的简单情况和职位内容，关于整个企业的运作模式也都交代给他了，另外还说：现在开始，他们就是连在一起了，希望他们之间没有秘密，有什么意见和想法都可以提，一起努力把企业搞好。遇到事情也可以视情况而定，先斩后奏，这是公司给每一个员工的机会，也是考验。现在要马上着手的项目是在三个月之内筹建一个工厂。靳老板接着说，"我会放权给你，但你一定要管好你自己，维护公司的形象。"听了靳老板的一番倾心之谈，柯才第一次真正懂得，原来老板和员工也是可以这样的，工作上除了上下级区别以外，也可以开诚布公地进行对话，老板和你的区别只在于他担的责任比你更大，需要做的工作也比你更多。三个月后，项目准时启动，柯的试用期也结束了。一天靳老板告诉他，总部已经认可了他的工作才能，今后可以更加放心地工作了。他觉得靳老板让人感动的，除了对自己的知遇之恩外，更重要的是他在平时工作中体现出的真正的平等、信任和尊重。企业的任何重大决定，他都是让柯以决策者的身份一起参加讨论，而不是只让员工被动地执行。他在工厂食堂门口专门设立了一个意见箱，每天准时开启，任何人对工厂有任何意见或建议，包括对任何人的任何事情都可以投诉，这样他不但拉近了企业与员工的距离，还对管理者实施了有效监督，企业在靳老板的带领下，在这样的企业文化和良好氛围中一步步扎实地向国际化的方向迈进。

俗话说"三人一条心，黄土变成金"，在全体员工的协同努力下，企业的每个项目都在预定的时间准时启动。靳老板能让员工如此的尊敬，来自于他对员工的理解和尊重。员工工作的时间只有八个小时，你与员工是上下级的关系，但这并不意味着在八小时外的所有活动都是你的下级。任何人都没有干涉他人生活的权利，同样，即使在工作中也没有践踏别人尊严和人格与自由的权利。建立和营造良好的工作氛围是每个企业需要花心思考虑的问题，它关系到整个企业的兴衰荣辱。

搞掂真经

年幼者对年长者尊敬是因为年长者的学识阅历感染了他，学生对老师尊敬是因为老师的为人师表启发了他，员工对老板的尊敬是因为老板的能力、高尚情操点拨影响了他。

员工是否敬佩你

在生活的舞台上，你每天都在与形形色色的人打交道，在交往过程中你会对什么样的人产生敬佩感呢？敬佩感的产生主要是因能与他人的相遇相知，而大家有着不同教养、经验与生活方式，有不同的信念、能力与自我认知，看待世界的眼光也不同，能做一个让这些性格、习惯迥异的人们敬佩的人，是一件多么了不起的事啊！

大多数人对于敬佩的理解也各有不同，大公无私值得敬佩，心胸宽广值得敬佩，知识渊博值得敬佩，以身作则值得敬佩等等，很多事情都可以使人产生敬佩之心，这些敬佩之心来之不易，被别人敬佩的人更是大家学习的榜样。

职场中，要想让员工敬而远之相当容易，你的每一个举动对于同事可能都是判断你的一个标准，并被牢记在心，因而要想成为让下属敬佩的人绝非易事。敬佩之心是由内而外的，是真心诚意，是尊敬是佩服，不仅是对工作能力的肯定，更是对人品和修养素质的赞

美。员工各种各样,他们对于敬佩也各有各的理解,让这样一个无数个性组成的集体敬佩一个人实在不容易,敬佩不是口头的承诺,更不是装模做样的表演,而是被大公无私敢为天下先的实际行动的感染,是敢冒天下之大不韪,甚至置个人生死于不顾,是在职场中高度责任感的严谨求实,实事求是的人格魅力使然。但敬佩更没有一个标准可以考核与评判,是超越规章制度和道德范畴的发自人的本性和内心的情感。

亚科卡是美国克莱斯勒公司的经理,他接任时正是公司运作最为困难的时刻。于是他开始着手制定了一系列的经营管理模式挽救企业。在那段最困难的日子里,他每天不仅要制定新的项目规划和公司发展方向,还亲自给中层管理人员进行培训,整合资源。亚科卡以身作则主动把自己的年薪由100万美元调到1000美元,并且每天和员工一样坐公交通车上班,这巨大落差,出乎所有人的意料,亚科卡超乎寻常的牺牲精神在员工面前闪闪发光,让员工油然升起敬佩之心。很多员工为此对位高权重的经理敬佩不已,并决心贡献自己的一份力量,共同为公司的发展全力以赴。就在这紧急关头,一笔大的订单从天而降,落在了他们公司的手里,亚科卡日夜加班赶制项目计划。员工们看在眼里,敬佩之心落实在行动里,经过三个月夜以继日的辛勤劳动,终于圆满地完成了这个项目,客户也非常满意他们的合作,并协议建立长久紧密的战略合作伙伴关系。使企业从一个亏损即将倒闭的公司一举成为名扬海内外的信誉公司,为他们开拓海外市场打下了良好的基础。公司紧张的经费问题也暂时缓解了,亚科卡对在这次紧要关头做出突出贡献的员工给予奖励甚至提升职位,至于亚科卡自己的薪金,他打算公司步入正轨后再考虑薪金的回调。员工们对他们拥有一个这样的老板而感到骄傲和自豪。就这样经过了一年的努力奋斗,克莱斯勒公司已经开始准备上市了,大家对它的广泛赞誉和认知也达到了空前的高度，成为拥有亿万资产在全世界拥有多家子公司的跨国公司。

一个公司在成长过程中，会遇到很多意想不到的波折，老板要挺住，要拿出承担风险的勇气，做好表率才能鼓舞下属的士气。以大局利益为重，把个人的利益抛在脑后，不计较个人得失，一心向企业，是一定能够得到员工的爱戴和尊敬的，也一定能够渡过难关取得胜利的。亚科卡如果是一个自私自利，一心为自己着想的人，怨恨自己倒霉碰到这么多的麻烦的话，那么他员工的怨气就会更加变本加厉，企业也最终会走向衰亡。幸运的是他没有那么做，他的行动说明了他是一个值得人敬佩的人，让员工从心底里产生敬佩的人，这种敬佩是永恒的，牢不可催的。

搞掂真经

做一个让员工敬佩的企业老板吧！它比任何丰厚的待遇和光明的发展前途都更能留住员工跳槽转行的脚步。

你的左膀右臂是哪类员工

左膀右臂的员工是陪伴在你左右，起辅佐、划谋或者具体实施的人，是对企业贡献力量，是使工作事半功倍的骨干。也许不一定是人才，但发挥的作用就像顶级运动员训练时的陪练，技术水平一定和顶级运动员不相上下。有句名言这样说道："组织运转不需要天才，企业管理不需要天才，一大群天才聚到一起，结果往往过于沮丧。"管理其实就是让一群平常的人做出点不平常的事情来。其关键是，如何让普

通人发挥不同寻常的效率，而不是如何找到绝无仅有的天才。因此在用人上，不必吹毛求疵，畏首畏尾，要大胆地启用适合企业发展的人，培养好你的左膀右臂，让自己如虎添翼。哪类员工可以成为你的左膀右臂呢？

不辞辛苦型。这类员工在工作中兢兢业业，比起聪明的员工智慧不足但毅力、信心有加，脚踏实地，任劳任怨。懂得只有辛勤的劳动才能创造出果实的道理；比起雄心勃勃的员工野心少之但勤奋有加，不会整天因"这山望着那山高"，而忽略了积累前进经验的点点滴滴。

怀才不遇型。你的赏识能使员工的才华最大限度地发挥，他也会被你的伯乐精神所感动，尽心尽力地做好每一项工作。在你的身边，他会为自己能被人理解而感激，你也可以从他的才华里尽情地吸取对企业成长有利的新奇创想。但这样的员工要给他一定的压力，否则他不是飘飘然就是觉得自己的才华浪费了。

心胸宽广型。俗话说："宁和明白人打场架，不和小人说句话。"同样的道理，即使一个人的智商才华很高，没有一个好的心态，宽广的胸怀，遇到点委屈挫折就睚眦必报，甚至不惜丢掉工作也要"不能让人欺负"的心理，是不能成就大事业的，这样的人更不适合留在身边出谋划策，他的计策很可能为达到自己的私人恩怨而诱导你走向歧途，后果不堪设想。

在众人眼中，秘书都是勤勤恳恳的，讲话很少，做事谨慎，对领导体贴入微，偶尔也会出谋献策。但是中国对外经济贸易合作部部长龙永图的秘书，却是位连日常小事都丢三落四，大大咧咧，从来不会照顾人的人。每次随同龙永图出国访问或者谈判，都是龙永图给他提醒。对日程安排，更是记性极差，甚至错记漏记。可龙部长为什么选他当秘书呢？原来这位秘书在外贸谈判最关键时刻总是始终陪伴龙部长的。谈判的压力越大，龙部长脾气也越大，可贸易谈判家有时非常之顽固，双方很难达成一致。龙永图回来以后一句话也不说，低头生气。一般在这样的时候，其他人都不愿到他房间里来自讨没趣，而惟有那位秘书，(在这之前还不是秘书)每次不敲门就大大咧咧地走进来，坐到龙永图的房间里，就翘起腿，说他今天听到什么了，还说龙永图某句话讲得不太合适，如果这样或那样说，就可以避免刚才的事件发生等等。他还有一个最大的特点，就是从来不叫龙永图为龙部长，都是称呼“老龙”，或者是“永图”，而这在外贸部办公厅里是没有下属敢如此“放肆”不带职位的称呼。他有时候也出一些馊主意，常会被龙永图骂得一塌糊涂。但他最大的优点就是禁得起骂，一点不往心里去，无论怎么骂，他5分钟以后又回来了，“哎呀，永图，你刚才那个说法不太对，你的想法应该拓宽一下思路了。”就这样经过反复磋商和自我调节，龙部长为国家的外贸事业做出了巨大的贡献，这也与他有一位可以分担风雨的秘书有很大的关系。

这位秘书是个学者型的人物，他对很多事情都不敏感，甚至面对批评也不敏感，但他对国际世界的对外贸易问题非常着迷，对世界上很多国家的贸易状况都有所了解，并且在我国的对外贸易部门工作多年，对我国的贸易情况很有研究。龙永图是位卓越的外贸专家，他很清楚自己需要什么样的助手，什么样的人能成为他的左膀右臂。这个秘书显然不适合打理日常的一般性事务，但他却适合做外贸问题的专家顾问，在关键时刻给龙部长指点迷津，化险为夷，共同为我国的对外贸易事业做出贡献。单从这一点来讲，这样的人才即使再不拘小节，龙部长也能忍受，也能谅解，只要这个人能对国家有贡献。

找一个得力的左膀右臂，如虎添翼，而这副“翼”不一定是天才，更不是全才，但一定是最适合你的，一旦你发现他对工作有独到的见解就要不顾一切地把他留下。

你的人脉

人一生的成长，发展，成功，幸福，都是与同他人的交往相互联系的。人一生的愉快与烦恼，快乐与悲伤，爱与恨都是与同别人的交往分不开的。不是有人这样说吗，“人生的美好是人情的美好，人生的丰富是人际关系的丰富”。人际关系的组成就像一只巨大的网，每条路都与之紧密连接并且遵循一定的脉路，这些组成脉路的人和关系就是你的人脉关系。人脉资源对事业的成功尤为重要，上有达官贵人，下有平民百姓，营造一个有益于成功的人际关系网，当你有喜乐尊荣时，有人为你摇旗呐喊，鼓掌喝彩；当你有事需要帮忙时，有人为你铺石开路，两肋插刀，人脉的力量大无穷！中国有句古话，“家和万事兴”，你与配偶家人的关系，决定了你与子女的关系，社会上你与朋友、同事的关系，决定了你今后的事业和发展前景。

在企业管理中的人、技术、资金这三大条件的核心也是“人”，这个核心不仅指有人才的相助，更是人际关系、人脉关系，如果你有足够丰富的人脉资源，在面临资金和技术困难的时候就可以求助人脉，灵活变通打通阻碍，问题也就迎刃而解了。“人”才是担负起你事业成功的关键。与同行、同事、上司及雇员甚至竞争对手的关系也是事业成败的关键。建立良好的人际关系，予别人方便才能予自己方便，每个人都有优势和劣势，不吹毛求疵，发挥人际的优势。如若没有良好的人际关系，知识和技能的发挥和展现就很有限，甚至根本得不到施展的空间。作为一个企业更需要人脉的协助，同行业的人脉、品牌与信誉的人脉、内部员工的人脉，是企业发展的必要条件。

春秋时期的齐国国君齐襄公被杀。齐襄公有两个同父异母的兄弟公子纠和公子小白，分别居住在鲁国和莒国。听说齐襄公被杀的消息后，公子纠的军师管仲说："一定要即刻动身回国"，公子小白的军师鲍叔牙说："要抢在公子纠的前面"。在公子小白回齐国的路上，公子纠的军师管仲早就派了人马在半路拦截他，命人拈弓搭箭对准小白的车马射去，只见小白大叫一声，倒在车里。管仲护送公子纠回到齐国后，发现公子小白并未受伤，却早已经抢先回到了齐国的国都临淄，拿到了国君的玉玺，即后来的齐桓公。

齐桓公即位以后，随即发令要杀掉公子纠的军师管仲，以绝后患。可军师鲍叔牙却说要留下此人，日后定能成为一名良相。齐桓公气愤地说："管仲曾经拿箭射杀我，想要我的命，这样的人我还能留在身边用他吗？"鲍叔牙说："管仲本与您无冤无仇，那时他是公子纠的军师，他用箭射您，正是表明他对公子纠的忠心啊！如果从本领和才智来论，他都比我强得多。主公如果要成就一番大事业，管仲的才华一定能够对您有所帮助，日后可是个用得着的人，这样的人杀掉岂不是可惜？"齐桓公也是个豁达大度的人，觉得还是应该以大局为重，于是不但不治管仲的罪，还立刻任命他为宰相。管仲感激万分，于是协助齐桓公整顿内政，开发富源，大开铁矿，多制农具，齐国逐渐富强和繁荣起来，齐桓公也成为春秋五霸之首。

与人为敌不如化敌为友，交一个朋友就等于消灭了一个敌人，推

倒一堵墙,铺了一条路;失了一个朋友胜似垒了一堵墙,断了一条路。建立良好的人脉关系,宽容地对待一些琐碎小事带来的烦恼,是十分必要的。齐桓公把曾经谋杀过自己的管仲留在身边委以重任,是把眼光放在治理国家上。他如果杀掉管仲,以解心头之恨,将永远地失去一位辅佐他成就霸业的良相,这两件事情孰轻孰重是无法比较的。我们在现实生活中难免会遇到一些小摩擦小碰撞，但是如果因斤斤计较而损失一位志同道合的朋友将得不偿失，你的人脉关系网也会破洞百出。

搞掂真经

尺有所短,寸有所长。人生活在这个世界里,都是需要朋友的互相帮助与扶持的。权衡利弊,"谁也不知道哪片云彩下雨",同样道理,谁也不知道谁在将来能够帮助你，所以现在就开始搭建你的人脉网络,网聚人的力量。

第三章　坐在树上看果子变红

现代企业中，假如你是一个管理人员，就应具有举重若轻的气魄和心态，高瞻远瞩的远见和卓识，明察秋毫的敏感和睿智。正所谓坐在树上看果子变红，站得高才能看得远，才能把握住企业发展的每一步前进的脉搏。

充电,全面提高管理素质

充电,是时下流行的词汇,指的是参加工作一段时间后,感觉自己的知识在工作中力不从心,或者为谋求更大的发展而重新回到课堂,补充知识增加能量。这种新的学习方式极大地激发了在职人员的工作热情,也丰富了他们的业余生活,从工作疲惫靠酒精麻醉的惯性中释放出来,回到青青校园,重温那天真而意气风发的学生时代,填补工作中的知识空白,也不失为一种很好的方式。

充电的方式多种多样,充电的人群也越来越广泛,但作为一名职业经理人或者企业老板的充电就不能是在感到力不从心的时候再去,或者为了陶冶性情而去学习了。是为全面提高管理素质和管理水平,把带领企业在瞬息万变的世界里立于不败之地并向更快更高更强发展为己任。下面就介绍几种充电方式供参考。

短期进修班。为期三个月的进修是大多数人的选择,可以放下手中的工作,从紧张繁忙的压力中解脱出来,暂时换一种生活方式和思维方式,正好可以学习一下新的管理理念,跟上时代的脚步,为企业注入新的活力。

行业内组织的专业研讨会。各行各业都会举办各类针对本行业前景的会议,一般不会很长,一天到两天的时间,有时候也是行业内的培训等等。不耽误正常工作。一般以行业为划分,业内人士坐到一起共同谈论一下目前遇到的难题,以及解决办法,下一步该怎么办,国外的先进经验如何等等。

周末到大学里读个双学历,也是个不错的选择,如今双学历被越来越多的人追捧。考研的压力和困难都很大,而且对于以事业为重的你也不太适合。两个专业使就业面加宽,同时,两个不同专业的融会贯通也使工作更加游刃有余。

明朝初年，有个名叫魏进的人，长得高大魁梧，但却是个非常怕冷的人，冬天更是围坐在炉火边不肯出门。在一个下过霜连空气里都带着寒意的深秋早晨，明成祖命人宣魏进入宫。魏进忙不迭地穿上一件又一件的厚棉衣钻进了蒙着厚厚的轿帘的轿子中。到了宫中，开始和明成祖商谈朝政。成祖发现魏进浑身打颤，就很关切地问他说："你是不是身体不舒服？如果有什么病的话，就先回家去休息吧。"魏进说道："陛下，今天刮起了大风，臣觉得十分寒冷。"明成祖说："既然你这么怕冷，带兵打仗的事情就交给别人去做吧，你可以回去了！"魏进听后很失落，他回到家翻来覆去地睡不着，于是第二天他又去面圣，说道："陛下，我行，我一定能克服怕冷的毛病，带兵打仗，把军权交给我肯定没问题！""那好吧，给你一个月的时间，十二月份再过来领旨吧！"魏进回到了家，每天很早就起床，一路小跑地跑到空地上，练起了武术。人们看到魏进都很纳闷，以前在冬天基本是看不见魏进人影的啊。以后每天邻居们都看见魏进在锻炼身体，时间长了也就见怪不怪了。到了十二月份去见明成祖的时候，他已经十分健壮有力了。明成祖见状，把军权交给他，命魏进带兵出征。魏进果然不负重望，平定了边疆。凯旋归来，明成祖重赏了他。从此魏进再也没有因为任何困难而退缩过，人们更是早已经忘记了那个怕冷的魏进了。

魏进用他的毅力征服了自己也征服了明成祖，你用什么征服你的员工呢？用人才来辅佐你吗？如果人才发现他们协助的是一个笨蛋的话，会认真的工作吗？其实每个人都不是生下来就具有某种技能，都要经过不断地学习，充实自己增强实力。有时候需要你自觉地去加强培养自身的各方面素质，以便积极应对随时可能出现的危机。

搞掂真经

人们常说"活到老学到老",生活中无时无刻不需要学习,随时充电补充能量,提高全面管理素质是每一位老板都需要做的。

锦上添花的培训

培训是为了企业的发展而进行的对专业知识的补充。培训的目标是具有潜在能力的,成功和有效的培训和培养计划,不仅能提高管理素质,而且可以满足自我实现的需要,从而增加企业的凝聚力。不论多么优秀的老板,也都要通过培训提高业务技能和丰富知识,潜能也可得到进一步的开拓。

培训是企业持续发展的必要手段。一个企业在管理上不能忽视培训的作用。设立一套符合公司发展的课程,如果资金允许的话,还应该设立培训奖励制度,激发企业领导者和员工的上进心。对经营者而言,培养出有才干的员工乃是他所期望的事情,也是身为经营者的职责所在。

培训不是万能的,但没有培训又是万万不能的。确保培训项目的量身定做。针对公司经营状况与业务实际,用心甄选一些实用、有价值的培训项目。参加研讨会或交流会也是培训,要从战略眼光考虑,参加一些具有高水平的培训,可以不断提高管理的意境和战略。但培训并不是将大家放在一个封闭的环境里集训,培训随时可以做,言传身教是培训,开会交流也是培训,一封邮件也是培训。不同的老板所处的层次不一样,需要的培训内容和方式也不一样。可以根据企业需求,与不同方面的顶级人物接触,可以相互交流经营经验,如,一场培训;对没见过世面的老板,出席高级的晚宴也是一种培训,慢慢培养自己的风格;参加高手如云的研讨会或交流会,也是最好的培训。

某公司人力资源部朱小姐说:"公司老板的培训基本上是量身定做的,针对性比较强,例如,领导力、财务管理与战略管理等。另外,我感觉老板除应参加管理培训外,还应根据公司所处行业特点,参加本行业及相关行业的培训,可以提高企业的形象和竞争力,因为老板本身就是企业的综合素质的体现。老板参加完培训回来简直像换了一个人,对企业的改革与发展的看法也客观实际得多了。"

另一单位人力资源部经理王先生认为,参加些管理(特别是人力资源管理)方面的培训对老板来讲是极为重要的。作为一个公司的老板,不但要掌握管理方面的基本原理和技巧,还要掌握管理方面较深刻的理论和实际技能,这样的老板才真正地具有人格魅力,才能将公司上上下下凝聚成一个实体,才能时刻注意激发全体员工潜在的能力和素质。还有,要接受自己非专业特长知识方面的培训,如工科毕业的要接受管理、财务、市场营销方面的培训。如果可以,人力资源部门可为老板量身定做培训项目或者参加行业内的研讨会也是不错的选择。无论培训的方式怎样,它无疑都是对企业有益无害的。这个企业给老板选择的培训灵活多样,实践证明也非常适合企业在各个方面的业务拓展。

老板也要培训才能在企业的员工面前具有更加专业的说服力,带领员工一起培训,并且可以很明显地分辨出员工培训是否具有价值和有效;从另外一方面讲,企业的领导进行培训从某种意义上可以说是代表整个企业去参加培训,是企业竞争力提高的标志。

搞掂真经

培训是要在企业还未出现危机的时候进行，做到未雨绸缪，或锦上添花，而不是在企业处于一定困境之中再考虑进行培训，到那时想做到雪中送炭就很难了。

掌握信息，站在业界最前沿

中央电视台是一个信息的集散地，大量的信息涌入到这里，又通过荧屏传送到千家万户。在第二套节目中有一档新闻栏目，每天中午12:00播出，专门介绍一些经济新闻和商机资讯，栏目的定位是“资讯者生存”，这个选题十分贴切。信息时代，资讯就是利润，资讯就是企业生命，也迎合了现在社会人们对于信息的渴望，企业失去信息就等于人失去眼睛和耳朵。就连人们的吃穿住行也同样离不开信息，比如菜市场的鸡蛋今天什么价，大学毕业今年的就业形势如何等等。我们说一个人很聪明，就说他“先知先觉”，这个“知”和“觉”其实就是对于信息的把握快慢，能越早嗅到敏锐的信息，领先一步行动，就把握住了成功的脉搏。

职场中，为什么总有人能在市场的风云变幻中，捕捉到商机，及时做出判断，获取成功；而另一些人却屡战屡败，折戟沉沙。一个很重要的原因就对信息没有及时把握住。成功的人无不是广泛搜集信息，占有的信息量大，对些信息进行合理客观的推断，因而能够把握市场脉搏，准确预测市场动向，获得成功的；而那些信息渠道不畅通，听到一点风吹草动就开始行动，甚至被虚假信息误导，在大的市场走势判断上失误的，往往导致失败。因此，我们既要顺应时代潮流，广开信息来源，利用刊物、资料、网络、会议等渠道获取多方面的信息的同时还要开拓思路，善于运用逆向思维，反其道而行之，对信息进行去粗取精，去伪存真的分析。只有这样，我们才能在商海中抓住机遇，获取成功，站在业界的最前沿。

小李是重点大学计算机专业毕业的高才生，不久前从网管中心调到客户服务中心工作。一天，小李像往常一样对工商银行进行客户走访，无意间听到该单位的联系人在商谈网络软件的事。原来该单位承接了一项新业务，需要与客户进行数据实时传送的专线联网，并且正在与一家公司进行洽谈。于是小李立即向领导作了汇报，领导马上命人起草方案，准备竞标。在此期间，他们还一直向工商银行提供着优质的服务，客户反映专线质量非常好，数据传送稳定等等，对服务也非常满意，并表示了如果价格相当，会长期合作。但对这次的招标会，也提供了一个情况：就是竞标的企业中还有一家公司的业务也非常不错，而且关系也很好，对到底用谁的产品最后还需要仔细考虑。在这种情况下，小李和他的领导坚信事在人为。离招标日越来越近，他们与招标对手也在暗中进行着一场最后的比拼，领导亲自与工商银行的行长进行了联系，市场部的同事也在分头活动。工商银行在反复权衡之下，最终选择了将小李所在单位的IP光缆接入业务。大家欢呼雀跃的同时都没有忘记小李这个敏锐的市场信息员。

小李是一个善于捕捉信息的有心人，这源于他对工作的高度认真和负责的态度。从一个网络管理员到客户服务人员，这之间的工作内容是完全不一样的，但他没有因专业不对口或者没有兴趣之类的原因懈怠工作，相反比别的同事更加努力更加刻苦，把全部的心思都用到了如何做好工作上来，最终因为敏锐的信息洞察力而获得了机会，也赢得了市场赢得了客户的信任。在现代企业中准确把握时代信息是多么至关重要啊！

搞掂真经

在激烈的市场竞争中掌握第一手信息是企业的制胜法宝，谁最先敏锐地捕捉到了信息，谁就赢得了主动权，也就赢得了商机。

以身作则感染员工

每个人都不希望被人领导，而希望能领导别人。所以，作为一个企业领导，你的行为能被员工接受吗？你是否考虑过，要想领导别人首先要做到以身作则呢？好的领导之道是采取积极行动，以身作则，才能激发他们的工作热情。要能说还要能做，站在前头，率先垂范。企业领导者负有带动员工的责任，不身先士卒做表率，时间久了，员工也会对你失去信心。领导者的行为、态度，时时都受到众人的瞩目。你不能让跟随你的人，每天都是抱怨，甚至让他懊悔，失去勇气。所以做一个领导人要豁达大度，乐观开朗，经常把所谓春风、笑语，慈颜、欢乐散播给大家，让众人感动。有慈、有智：领导人要有慈悲心，用慈悲心对待一切，做事与人为善。用同情心去体谅对方，用柔软心对待对方、协助对方。还要加上智慧，既然作为一个领导人，要懂得策划，懂得安排，懂得方法，懂得前后的因果关系。凡事先想到员工，对应给的待遇要慷慨给予；做人不能傲慢，谦虚谨慎、亲和关怀，不盛气凌人，不居高临下。才能使员工群策群力，同心同德接受领导，使企业无往不胜。

行动的矮子、语言的巨人现象在现实生活中比比皆是，此种做法可以说是企业领导的大忌讳。正如日本东芝总裁土光敏夫所言：部下学习的是上级的行动。对企业领导来说，当你希望下属做什么时，请拿出你自己的示范行为来。身为领导，当然不可能不“说”，却更忌讳不“做”。“说”与“做”简单的组合有五种，其示范作用各有不同：第一是说了不做，负作用最大；第二是不说不做，负作用次之；第三是不说做了，有积极作用；第四是，边说边做，有很好的示范作用；第五是做了再说，示范作用次之。这五种基本状态中，我们应该提倡第四种的“边说边做”，其积极作用最大。做的过程对领导者来说是一个了解真实情况的过程，对被领导者来说是一个被感召的过程，在这一过程中的“说”更有目的性，更具指导性。作为企业的领导者，不能自律，就无法以德服人、以能驭人，倘若无法取得他人的信赖和认可，将必败无疑。好的领导者必须懂得，要求下属和员工做的事情，自己必须首先要做到。光说不练，是“假把式”，不是优秀的企业领导人。做领导，就是带头去做，包括把许多小事做好，而且力争做得最好。

大家都知道胡雪岩是开钱庄的，类似当代的金融巨头。其实，胡雪岩还办过一个制药店，存留至今，成为中华老字号，即是现在赫赫有名的“胡庆余堂”。胡庆余堂之所以赫赫有名，据说是敢于炮制一种名叫“龙虎斗”的中成药。当时有位学子，头悬梁锥刺股，寒窗十年苦读，终于考取进士，却如“范进中举”一般，高兴过度，疯了。能治疯病的药，名曰“龙虎斗”，此药必须配入剧毒的砒霜，哪家药厂都不敢配制。原因很简单：不仅剂量要十分精确，而且在药粉中掺入砒霜后，必须搅拌得极其均匀，砒霜有一点儿不均匀，药粉中某个部分的砒霜含量稍微高了一点儿，就会毒死人。为救高兴疯了的读书人，胡雪岩一拍胸脯，答应为其配制“龙虎斗”。三天后，“龙虎斗”配制成功，那读书人服用之后，疯病痊愈，高高兴兴当县令去了。“胡庆余堂”由此名声大震。有人问胡雪岩是怎样配制成功“龙虎斗”的，胡雪岩信口雌黄，说是太上老君托梦于他，教了他“秘法”。当然没什么“秘法”！胡雪岩和伙计们，整整用了三天的时间搅拌掺了砒霜的药粉！反复搅拌药粉，枯燥极了。胡雪岩想出个办法，在药粉上反复写着“龙虎”二字，写到第九千九百九十遍时，砒霜在药粉中的含量也就被搅拌得绝对均匀了。胡雪岩不仅想出了搅拌药粉的好办法，还身体力行，带头去做，与伙计们一起在药粉上写了九千九百九十个“龙虎”。于是，他成功了。

作为团队的领导人，应当向胡雪岩学习。无论所领导的团队规模是大是小，也不论团队在企业中所处的是什么位置，领导人不仅要想到该做什么，而且要带头做好。简而言之，在关键的时刻，在重要的场合，领导人给团队成员的印象，应该是全力去做，带头去做，才能在团队中具有说服力。

搞掂真经

在工作中做到以身作则感染员工，给员工树立榜样，有助于企业制度等规范的实施，也是代表一个企业的形象和魅力，利于提高企业的整体素质和效率。

从驭人做起

“与马赛跑的人永远也胜不了马，人在车上驾驭马，马也胜不了人。”因此善用逻辑规律的人能驾驭人，用适当的手段解决别人所不能解决的问题。想亲近人用礼遇，想驾驭人用道义。

人来到这个世界，首先学会的就是驾驭自己身体的能力。在不断的体验、揣摩中，学步、学语，尝试、应用……终于控制驾驭了自己的身体。《大觉之音》中这样记载，我们克服自己、把握自己是旨在超越自己。做为领导者，我们必须能够镇住别人，因为你镇不住别人，别人就会镇住你，这是一切生命的特性。学会镇住别人也就是逐层次地超越自己，练金刚勇猛就是为这个中心服务。作为个体，不可能有人服你，服的是社会的压力和规则。即使是生命的自然控制规律也是如此，高层次控制低层次。

职场中的人是业务、战略、流程的最终执行者，所以企业要想获得成功，决策者必须有驾驭人的本领。一个企业领导需要驾驭的人很多，手下的员工需要驾驭，要吸引还要控制他们，使之信任你的决策和领导，追随在你的周围；客户需要驾驭，如果你没有驾驭客户的能力，会在今后的合作中处于被动，被对方牵着鼻子走，后果不堪设想；同行业的竞争对手也需要驾驭，没有在同行业中出类拔萃的表现，就会被同行藐视，甚至还有可能被同行业挤跨和兼并，将很难有生存之地。

唐太宗时期，房玄龄在当时的唐朝建国立过汗马功劳，处理国事孜孜不倦，只要看到有待改进的就从不放任，于是太宗封房玄龄为中书令。职责是：掌管国家的军令、政令，阐明帝事，调和天人，辅佐天子而执大政。魏征是一个刚正不阿，把诤谏之事放在心中的人，朝中就他的进谏数量最多，从他这里得到的关于百姓的情况也最多。于是唐太宗任用魏征为谏议大夫。职责是专门向皇帝提意见，看似无足轻重，实则重要无比；看似无尺寸之柄，但又权力很大。李靖是一个文才武略样样兼备的人，如果发生战乱能够带兵出征，奋勇杀敌；入朝又能文，写得一手好文章，唐太宗就任用李靖为刑部尚书兼检校中书令。职责是掌管全国刑法和徒隶、刑狱、关禁的政令制定和实施工作，这两重不同类型的职位都正适合李靖能文能武的才能发挥。房玄龄、魏征、李靖共同主持朝政,取长补短,发挥了各自的优势,初步组建起大唐的上层机构,辅佐唐太宗。除此之外,唐太宗还把房玄龄和杜如晦合理地搭配使用。唐太宗发现房玄龄能够提出许多治国安邦的精辟见解和具体实施的办法,但却不善于整理和归纳,因此很多精辟见解,都得不到推广和实施。而杜如晦,虽不善于思考事情,但却精于决断,善于对别人提出的意见做周密的分析和判断,而且很快就能变成一项决策、律令,上报到到唐太宗面前检阅。于是,唐太宗就决定把他们搭配起来,密切合作,从而形成了历史上著名的"房谋杜断"的人才结构。这样,就出现了中国历史上唐朝贞观之治的空前繁荣。

唐太宗是一个善于驭人的人,他不仅了解自己需要什么样的人才,更善于合理使用人才,能够准确把握每个人的性格特点和才能特点,给予适当的工作让其充分发挥所长,取得了不俗的效果。企业管理中,优秀的管理者不仅要看到单个人才的能力和作用,更重要的是要组织一个结构合理的人才群体,要将不同类型的人才进行合理的搭配,把他们放在最合适的地方,相互协作,取长补短,形成一个有机的整体,通过这样合理的组织结构来弥补人才的不足,以求发挥人才的最佳效能。这也就是我们常说的驭人的本领。

搞掂真经

魏源说过:"不知人之短,不知人之长,不知人长中之短,不知人短中之长,则不可以用人。"作为企业管理者,要了解每个员工的长处和短处,并且能识长中之短,短中之长。也就是从驭人做起。

提高企业凝聚力

企业的凝聚力，是指企业及其行为对员工产生的吸引力的程度。一个凝聚力强的企业，其员工一定紧紧围绕企业目标，精诚团结，互相信任，互相协作，在企业内部形成一种积极向上、团结有力的工作氛围。企业凝聚力不高时，员工之间最容易发生冲突。这时候光解决冲突是没有用的。企业管理者不能头疼医头，脚疼医脚，还是要从根本上下功夫。企业要拥有并增强对员工的凝聚力，必须做好以下几个方面：

确立企业的共同远景。从长期看，企业要有一个使全体员工共同为之奋斗的发展规划与蓝图，让员工看到企业及个人的希望，利于增强员工的成就感。

培养管理者的人格魅力。领导的人格魅力对员工具有一种感召力和榜样作用，员工如果能以拥有这样的领导为荣，企业凝聚力必然增强。另外还要提供具有诱惑力的福利待遇。物质激励一直是第一位的，比如员工如拥有较高的工资和社会保险及带薪休假、期权、期股等待遇，就会增强企业的凝聚力。福利待遇要做到"公平"。内部公平：同能力同岗位要同薪；内外公平：员工的薪资水平与同行业相比有没有优势；自我公平：就是员工根据自己的能力与现在薪酬标准相比较或拿现在薪酬标准与过去的薪酬标准相衡量。

具备个人发展的空间。鼓励员工学习，创造培训机会等，更重要的是要让员工在自己有兴趣的岗位上进行实践锻炼。在内部建立起学习型组织，为员工创造学习、交流的平台，实现知识共享，确保企业知识不断增值，员工学习能力不断得到提高，知识不断得以强化。

实施人性化的管理。注重对人的尊重与关爱，强调与员工互动的沟通交流。真诚互动的信息交流，不仅能够提高工效，避免冲突，也在一定程度上体现了对员工的尊重与关爱。

规范化、制度化的管理。一个管理混乱的企业对员工是缺乏凝聚力的。管理上的规范化、制度化不仅可以使员工在企业内部得到锻炼与提高，而且能够创造并实现企业公平。公司制定各项制度时必须与员工进行充分沟通，确保制度执行到位。

营造良好的工作环境。舒适、安全的办公环境，不仅仅是树立企业形象的需要。由于企业注重了员工的职业安全，并为他们创造了良好的办公条件，所以也会在一定程度上增加员工对企业的认同感。而认同感是企业增强凝聚力的基本条件。

在被称为“小世界杯”的意大利足球甲级联赛中有一支老牌强队。这支队伍球星云集，但在近年却一直与意大利甲级联赛的冠军失之交臂。这支球队拥有过的球星只要稍微了解一点足球的人都会知道：足球王子巴乔、世界第一前锋罗纳尔多、强力中锋维埃里、意大利国门托尔多……每个人都是世界一流的球星。这支球队就是威震亚平宁半岛的国际米兰队！然而这样一支球队为什么连连败北，没有在比赛中取得与能力相符的战绩呢？答案很简单：球队没有凝聚力！国际米兰的老板莫拉蒂虽然热爱足球，却不懂团队的凝聚力对于足球运动的可贵。他买进了太多的位置重复的球员，结果各位置上的球员互相不服气，球员与教练之间也时常发生冲突，这一切让球队上下不安，缺乏凝聚力，毫无人气可言，甚至在1999赛季领先尤文图斯8分的大好局面下，还是在最后一轮痛失冠军。

球队是一个需要凝聚力的集体，球员在场上的默契配合胜过任何一个球员的高超技艺。如果团队里没有凝聚力，即使明星再多也不能形成合力。企业中也一样，员工的能力也各有参差，这也是岗位的要求，如果各员工都相互配合，互敬互爱，企业的发展才能蒸蒸日上。反之，即使全部员工能力一样强也无济于事。

搞掂真经

一个企业的凝聚力是企业的精神动力，每个员工既是企业团队的组成部分，更是团队的依靠。如果没有这个依靠，无论企业的人数多么庞大，也是一副空架子。

用人机制以激励员工为目的

在前面的文章中我们提到了"你的用人机制是怎样的？"不知道你的企业里的人才机制是否合理，如果正在想办法进行一下改革的话，这一节谈到了建立用人机制的初衷或者目的是激励员工，而不是针对员工的弱点进行攻击。激励员工的方式有很多种，例如创造优美的办公环境，给员工加薪晋升等等，但用人机制的目的却只有一个就是激励员工。我们所说的给予员工高待遇或者建立制约制度留住和约束员工，也是用人机制的内容之一。

现代企业的竞争，其实就是人才的竞争力。在用人问题上，既求拥有，也求有所用。能够为企业创造财富，是企业的目的。企业与个人是相互依存的伙伴关系，员工素质提高是企业素质提高的保证，员工个人发展是企业发展的动力源泉，把鼓励和帮助员工开发自我、实现自我是企业应尽的义务。为员工完善自我和规划职业发展提供可靠的资源保证和路径，承认和尊重员工的个人利益，使员工与企业结成利益共同体并分享企业发展带来的利益，不断提高员工工作和生活质量等等，我们实施的这一系列的用人机制给以员工充分的发展空间和利益保障都是以激励员工为目的，使员工与企业心心相印。

通用公司将员工“个人职业规划”和企业发展相融合。通用公司的人才机制是360度的员工测评系统。评估者来自上级、同级、下属，甚至客户。将员工划分为A、B、C三级，其中最好的A级人才占20%，可以享受培训的机会，有更快的发展机会。B级人才占70%，有望向A级方向转化。剩下的10%属于C级，如果不能快速扭转局面向B级或者A靠拢的话，就有可能被辞退。一年一次的评估，使得每一位员工都必须努力才行。但是淘汰制度，只是针对与公司方向和前景不一致的人。通用公司能够吸引人才，也是他们实施人才机制的成果之一。如果你足够出色就有机会从事新的工作，这是减少人才流失的举措，也是激励和鼓励员工的方式。通用公司前CEO杰克·韦尔奇在1961年来到通用还不足一年时，却萌发了辞职的念头。作为部门负责人的鲁本·古托夫决定展开说服攻势留下他。事实证明，留住了韦尔奇，才有了通用今天的辉煌。

丰田公司以“终生雇佣”赢得员工的忠诚。丰田公司的信条是：雇员总是忠诚于那些忠诚于自己的公司。团队成员手册中赫然写着：终身雇佣是我们的目标——你和公司共同努力以确保丰田成功的结果，我们相信工作保障是激励员工积极工作的关键；所有员工同丰田的劳动关系是基于就业自愿原则的，只要工作努力就不会被辞退。丰田员工说：“我们是永远不会被解雇的。即使不景气的时候。”丰田公司总裁多次公开表示，在公司困难的时候，公司也不会裁员，而是将劳动力“重新配置”。丰田公司的一个部门主管，已经在该岗位上干了20多年。他说：“我感觉我已经在很多情况下对公司做出了影响并且我也得到了认可。对我来说，这些事情是比金钱更重要的事情。”这段话真切地反映了企业的用人机制是以激励员工为目的的，才造就了丰田今天的辉煌。

这两个全球最大企业的用人机制虽然各有不同，但他们的目的只有一个，就是激励员工为企业效力。通用公司在人才机制上的做法是不进取就淘汰，虽然看似对员工很苛刻，但是他们真正淘汰的却是与公司文化不协调的人，给员工人性化的评判标准；丰田公司的人才机制是以“终身制”来“诱惑”员工，在激烈的市场竞争中谁不想拥有一份稳定的工作，特别是在全球有信誉的企业，丰田的这一举动极大地鼓励了员工，只要爱岗敬业就可以享受“终身制”的待遇，这样的例子还有很多，现代企业管理的目的已经不仅仅局限于追求利润的最大化了，而是把“人”的因素放在首位，这正是时代和观念的进步。

搞掂真经

无论实施什么样的人才机制，都要懂得，员工也是有尊严的社会人，不是麻木的机器，追求利润的同时，首先要尊重他们，才能达到激励的目的。

管理要有章可循

管理要有章可循，是指企业在管理过程中，要遵循一定的科学依据和规律，更要制定出详细的制度规范员工的行为，同时也是管理模式的参考核心。企业管理模式是在企业管理实践中，管理者根

据企业价值观,组织、指挥、激励和控制员工的方式,是管理者领导风格和企业激励机制间的有机结合。将企业的人、财、物、信息等资源,高质量低成本快速转换成为市场所需要的产品和服务,使有限的资源发挥更大的效益,以实现企业经营管理的目标。而企业文化和经营理念是企业管理模式的核心，它影响和渗透着企业管理模式的各个方面,决定了企业内外行为模式和企业目标优化模式,以潜移默化而又十分深刻的方式影响着企业系统的构造，调节企业管理模式运行机制的每一个方面和每一个环节。因此企业管理中，任何一项微不足道的小事都应具有科学的依据，让员工在执行过程中有理有据。

企业的管理存在一些基本定律,哪怕违反其中的一条,企业都有可能失败，大多数企业的失败往往都是因为或多或少地违背了这些基本定律。但是,即使遵循了所有这些基本定律,企业也未必一定能成功,因为企业成功只有必要条件,没有充分条件。有章可循的管理就是要建立旗帜鲜明的价值观。企业管理价值观是企业管理有章可循的核心,是企业主体的价值取向,是为企业内绝大多数人共同认可的价值观念,是企业文化的根本核心、实质和灵魂。要想拥有独特的企业管理价值观,要特别注重团队协作精神、平等对待员工、激励与创新等企业管理价值观的培育与改善,形成企业独特的魅力,才能保证企业长盛不衰。让大多数员工共同接受管理价值观是十分重要的，它可以帮助企业做出每个成员都认同的选择,使他们拥有信心、彼此信任,产生强烈的认同感,构成团结和谐的人际关系,全力以赴地为共同目标而努力。一个企业要获得持续发展,关键在于培养自己的核心价值观。

英特尔的员工管理中最富有特色的是:纪律、平等、让数据说话、建设性的对立,这同样也是英特尔企业文化中最重要的价值观点。英特尔从创立开始就非常强调"纪律",处处都有明确的规定。为确保每件事情能准时开始,像公司会议、报告、专案进度,以及最重要的交货时间等,英特尔都对员工有准时的要求。英特尔特别重视团队合作,任何一个人不守时都会影响团队中其他成员,并对公司资源造成浪费,因此准时成为纪律要求的第一条规范。"人人平等、事事从简"是除纪律以外英特尔在内部管理上的另一大特色,任何事情不会因级别不同而有差别待遇!英特尔企业文化的第三个独到之处,就是"让数据说话",在这里处处都会见到数字。公司内大小事情都以数据来表现:无论是销售结果、出货量、退货比率、生产层级等,都要制定数据化的目标,执行时也不忘衡量实际与目标的差距,及时纠正错误。在英特尔,管理者学会管理的惟一方式,这就是英特尔特别强调的建设性的对立。在英特尔大学还特地设立了这门课程。重点是在争议发生时,如何就事论事,而不牵涉到个人,避免人身攻击。这种管理理念,让英特尔有一种特别开放的企业文化,不会隐瞒问题,因此在问题发生时,很快就能找出症结所在,继而迅速解决,使英特尔一度保持了在IT业内的领先地位。

英特尔的这种管理模式是在多年的管理经验中探讨和总结出来的,使上下各个部门的工作紧张有序,另外对所有员工开诚布公的方式已经深入员工的心中,深受员工的爱戴,管理要讲章法才能树立企业领导的威信。

搞掂真经

管理要有章可循,管理时才能让员工信服,这样也能收到责任到人、责任到事的效果。

管理机制以提升效绩为前提

“管理能出效绩？”这是很多人的疑问，我们谈管理，谈机制都是在说管理能为企业创建一种和谐的工作关系和有一个良好的企业文化氛围，提高员工积极性，似乎和效绩没有沾一点边。效绩都是实打实地干出来的，如果管理也能出效绩，那我们就不去生产了，只要管理也能生存。这样的想法没有错误，单凭借管理是不能产生效绩的，它只是一种模式或者程序。设想一下企业如果没有管理只是一味的生产，管理秩序一片混乱，能够保证出现效绩吗？显然是不可能的。我们现在说的管理机制是一种保障生产效绩的管理机制，有效的，而不是仅仅指单纯的日常事务的管理，是以提升效绩为前提的管理机制。

管理机制是一种资源，管理机制下产生的效绩更是优化的资源。管理机制的合理实施是企业管理效绩的保证。提高效绩是管理工作者追求的目标。而在人力资源、物力资源和财力资源有限的情况下，如何优化管理机制是提高效益的关键。管理机制能够优化资源，它的实现程度将有利于企业生产要素功能的放大、系统整体功能的最优化和经济效益的提高。建立一个以提高质量为中心的全面质量管理机制是企业管理者的理想。我国的企业管理尚处在传统管理、经验管理向现代科学化管理的转型期。随着市场经济的全球化、商业服务产业化与市场化，市场竞争愈演愈烈。如何提高管理机制的效绩不仅是管理者的理想，也是全球企业管理理论面临管理实践需要研究的重中之重。

陆军团长的手下有三位性格各不相同的连级军官，每次接到任务，团长都以取得胜利为目的进行科学部署，无一失利。当接到攻击敌人炮兵阵地的命令后，对一连长说：“上级已经下达进攻敌军炮兵阵地的命令，我要求你的部队做好准备，于今天深夜十一点整发动总攻。我派你担任主攻，第二连和第三连分别是你的左膀右臂，他们主要是配合你作战，马上通知下去，开始准备吧！”接着，找来了三连长说：“关于攻击敌军炮兵阵地的作战计划，目前我个人认为时机还尚未成熟，兵力也没有完全恢复实力，我恐怕采取行动将会凶多吉少，想听听你的意见？”“不，团长，我们坚决不能耗下去。我猜测敌军跟我们的情况差不多，水平相当，如果坐失良机，等到我们恢复了军力再去进攻，那时候敌军的势力会越来越强大，恐怕就是敌军来攻击了。我认为还是应该马上出击，快刀斩乱麻，杀他个措手不及！”团长听了，点了点头表示赞同他的观点。于是说：“说得对，看来应该考虑立即主动出击。我命令你做右翼，紧密配合第一连队作战，时间是今晚十一点整！”“太好了！”至于二连长，团长最后找的他，对他的谈话也最为简单明了：“今晚十一点你从左翼出击积极配合一连猛烈进攻敌军炮兵阵地。”另外还交待了许多相关的情况和细节，并告诉他如何随机应变，灵活处理战斗中出现的异常情况。于是三个连队紧密协调作战，一举攻克了敌军的炮兵阵地。

团长对他的手下非常了解，并且能够根据各自的特点进行作战部署，这种管理是非常积极和灵活的。团长下这么大的功夫分别进行战略部署的目的只有一个，就是在战场上紧密配合，赢得战机，确保胜利。也许在生活中，这位团长并不满意这三位连长，认为他们没有一个具有全面的素质：既有头脑又绝对服从。但工作中，既然大家组成了一个集体，就必须以完成任务为主要矛盾。这正如现代企业管理中要不断地改革管理机制的道理是一样的，都是以提升效绩为前提和最终目的，如果现代企业的管理机制没有意识到这一核心的重要性，那么一切管理工作都将没有意义。

搞掂真经

现代企业管理机制和行军作战的战略部署一样，都是以提升效绩为前提或以完成任务为最终目的。如果企业没有把能提升效绩作为企业管理机制的前提，一切管理工作都将是徒劳的。

掌握宏观调控

2005年中国经济的发展中，有很多不确定的因素。从经济体制运行的实践来观察，中国潜在的通货膨胀要大于数据所反映的水平，有人估计通货膨胀的滞后效应可能释放出来。需求快速增强、上游价格大幅上涨、美元的疲软带动着人民币有效汇率的贬值的危机、不断增加的进口商品、尤其是消费品的人民币价格，土地、资金、劳动力和资源、公用事业等的生产要素价格存在市场化程度的持续走低，要素价格市场化进程的加快，隐藏着潜在的涨价压力。上述因素综合起来哪一项都会对企业产生或多或少的影响，但由于国家的宏观调控政策，一方面保障了企业的效益，同时也看到一些经不起考验的企业在市场竞争中陨落了。因此企业及时准确地掌握国家的宏观调控政策显得尤为重要。那么企业如何按照发展规划从容地去适应宏观调控带来的一系列环境变化呢?

第一，改革企业成为市场经济的主体。保证它能灵活地适应各种变化，在产权结构形式上有自己的特性，要根据环境的变化和自己的发展目标实现产权形式多样化和个性化，充分发挥主动权。

第二，制订发展战略和战略规划。针对企业整体发展环境的发展战略，制订和执行详细、完备、可操作的经营战略和规划，完全自主地应对宏观调控。

第三，企业的整体战略与经营战略要统一。针对企业的生产周期、发展的态势、各项经营管理之间的关系，要协调统一，就都受到整体战略的制约。

第四，制定应急管理系统。也就是在面对随时可能引发的经济危机时预先制定另外一套应急管理方案，防患于未然。

第五，积极创新地应对宏观调控的意识。不仅局限于由经营产生的危机管理，也不能做防败管理，不仅要做大做强的创新，也要做久做活的创新计划。

辽宁抚顺的罕王实业从创业之初只能开发自有矿山、炼铁发展到了能够生产精品轴承钢等优特钢，年产钢超过80万吨的大型钢铁集团。其董事长杨敏说："宏观调控其实是在统筹钢铁的产业结构。炼铁、炼钢需要大规模资金投入，大型国有企业有这方面的优势；但在多品种、小批量的产品上，小企业远比大企业灵活。民营企业要利用自身特点，在精、尖、特上下功夫，与国有企业形成错位竞争，扬长避短，也可以有很大的发展空间。"2005年以来，国家通过提高钢铁产业准入门槛，控制固定资产投资等一系列宏观调控措施，严格审批、收缩信贷、专项清查，一批批的违规项目被叫停。而抚顺罕王实业一直进展良好，不仅没有被淘汰还在改革中站住了脚。2004年的宏观调控，坚定了企业只有改革才能有出路的想法，于是罕王实业便策划并明确了走高科技的产业发展之路，同时加大了产业结构调整的步伐，创新体制，在改革中找到了突破口。与国际接轨，建立科研开发小组，走高科技产品的路线，引进先进生产设备，使自身的产品在国际市场大受欢迎。此外，宏观调控也意在调整不合理的产业结构。从这个角度，抓住宏观调控的机遇，让企业从产业的低端向高端迈进，挽救了企业的生命，更造就了企业的辉煌。

罕王实业是面对宏观调控积极应对的榜样。宏观调控是整顿经济秩序的良好举措，但同时也是对我国本土企业的巨大考验，长期以来生产技术含量低的企业已经不能完全适应国际市场的需要，在这个开放的基础上，企业调整政策实施改革也是适应国际市场竞争的需要。与其被国际市场淘汰不如利用整顿改革的时机，把宏观调控作为转变经济增长方式、创新体制的难得机遇，变不利为有利，知难而进，为经济发展注入蓬勃的生机和后劲。

搞掂真经

每一次宏观调控都是一次生存与发展的挑战，也是一次机遇，企业在面对宏观调控时，应寻找发展契机，积极调整政策，创新体制，在改革中前进。

第四章　有了翅膀我就能飞翔

企业在寻找每一个腾飞契机时，人才起到至关重要的作用，企业有了人才就如同添了翅膀，飞得更高，更远，而人才找到了适当的岗位也像长出了翅膀，飞得更快。所以说，有了人才的翅膀谁都能飞翔。

人才是你最大的资本

现代，面临经济全球化和信息技术的众多企业，都必须努力营造自己的核心竞争力以及积累大量的资本，以求在如此激烈残酷的市场竞争中生存和发展。为获得和保持自己企业的核心竞争力，积聚资本是每一家企业面临的最首要的问题。许多专家学者一致认为，人才是企业惟一重要的持续竞争优势的源泉，也是企业的最大资本。人才资本发挥的“效”与企业的“绩”成正比关系。在价值创造方面，人才资本对企业竞争优势的贡献远远大于传统的技术和货币资本。企业在任何方面的管理创新都比较容易被竞争对手模仿，而只有企业内部的人才资本所创造的独占性的知识和技术优势是很难模仿的。人才作为资本在不断地升值已是一个必然趋势，人才正在成为现代经济中最大的资本和财富。

人才现已取代物质成为最大的资本，人才能创造巨大价值的根本是人才拥有的能力是巨大的潜力，是无穷大的财富。如果企业单纯通过物质对员工进行激励，企业的成本会越来越高。但是企业中的人才对能力的无止境发挥的欲望却能带来企业无限的发展空间。所以，成功的企业就是在实际管理中通过各种方式发挥企业人才资本的能力，为企业建立竞争优势。另外，企业管理还要对人才充分地信任，相信人才，要让他们有发挥自己能力的最大空间。

以联想为例，从创业之初的资本只有20万元的小厂竟然在不到10年间滚成拥有数十亿资产的集团公司，联想的成功也在于认识到人才是最大的资本。松下说“松下电器是制造人才的公司”，微软说“优秀人才是企业的生命”，惠普说“人才就是资本”，摩托罗拉说“人是最珍贵的资源”，三星说“人才是企业的上帝”等等。这些企业深知人才已经成为最大的资本，人才资本利用静态的物质资本，不断地创造价值，使物质资本增值。与此同时,如果人才资本自身的价值也在不断地提升的话,会使物质资本的升值空间变得更大,企业发展也会越快。

被国际上誉为"杂交水稻之父"的我国著名农业科学家袁隆平,毕业分配到农校教书,目睹了自然灾害后决心从事水稻高产育种研究工作。在1964年,袁隆平偶然发现的一株天然杂交水稻,给水稻研究工作找到重大突破口。经反复实验种植后,果然比常规稻单产增加20%左右。他个人于1981年荣获我国第一个国家特等发明奖,填补了世界领域在水稻种植研究方面的空白。袁隆平用他的敬业取得了成功,他的一生都奉献给了水稻繁育技术的研究。作为袁隆平事业的理解者和支持者,邓哲说的那句"大不了和你一起下田当农民,你照样可以搞你的杂交水稻。"给了逆境中的袁隆平以最大的安慰。为研究杂交水稻,袁隆平四海为家,在三系法研究的前十年他有7个春节是在海南度过的,平时陪伴家人的时间很少。2000年5月31日,中国第一只以科学家名字命名的股票"隆平高科"在深圳证券交易所上市。按照当时的发行价计算,持有"隆平高科"250万股(占总股本5%)的袁隆平所拥有的净资产高达7000万元。有人说,这是中国"人才创造的财富"的象征。据有关人士评估认定,目前"袁隆平"这一品牌的无形资产已达1008亿元,他本人也成了享誉世界的人物。

袁隆平的成就说明了人才就是资本, 是国家的资本也是世界的资本。袁隆平是我国水稻领域的科学家,他对世界的贡献也是有目共睹的。他在潜心研究水稻的同时也在为保护我国的科研技术成果进行积极的市场化运作,他的贡献和成就被量化成了物质财富,使我们一目了然。这充分表明人才的能力完全可以转化成物质财富,并且替代传统的物质资本跃升为企业的最大资本。

搞掂真经

在充分重视人的力量的同时，要清醒地认识到人才是企业运营中最大的流动资本，他可以直接或间接地转化为潜在的物质财富。

选拔人才的标准

在选拔人才前先要制定合理的选拔人才策略，克服“一俊遮百丑”或“一过盖百功”的审人观，克服“前功盖后过”、“后过淹全功”的片面观，要全面、客观、历史地去考察、分析、审定被考察人，要抱着对组织、对员工负责的态度，给他人一个公平、公正、客观的评价。特别要注意人是处在变化发展之中的，要全面评价一个人，必须在实地与动态中考察，既了解这个同志的表层印象，更要掌握其志向、气质和品行等深层次的内在素质。经过这样的考察，所下的结论才会不失公允，才能为企业的职务空缺找到一批有资格的英才。

选拔人才的标准首先要考虑人才的道德品质。道德品质是一个人为人处世的根本，是企业对人才的基本要求。一个有学识和能力的人，如果道德品质不好，也将会对企业造成极大的损害。

敬业精神。有关专家对企业用人需求的调查结果表明，工作态度及敬业精神是企业在选拔人才时应优先考虑的条件。对企业忠诚和工作积极主动是最受企业欢迎的人，而动辄就想跳槽、耐心不足、不虚心、办事不踏实的人，则是有集体主义精神的企业最不欢迎的人。

沟通能力。随着社会日趋开放和多元化，沟通能力已经成为现代人们工作和生活必备的能力。以一个企业的员工而言，必然面对上级、同事、下级、客户等对象，甚至处理企业与股东、同行、政府、社区居民的关系，平时也经常会对其他单位或个人进行协调、解说、宣传等工作。沟通能力的重要性由此可见。

学习潜力和学习的意愿。所谓具有学习潜力，是指素质不错，有极高的追求成功的动机、学习欲望和学习能力超前的人。现在有越来越多的企业在选择人才时，倾向于选用有学习潜力的人，而不是仅有本专业知识与能力的人。近来企业更流行的做法是在招聘人才时，加考其志向及智力方面的问题，其目的在于测验应聘者的潜力如何。

团队精神。在当今的社会里，一个人再优秀，再杰出，如果仅凭自己的力量也难以取得事业的成功。凡是能够顺利完成工作的人，必定要具有团队精神。员工在个性特点上要具有团队精神，几乎已经成为各种企业的普遍要求。个人英雄主义色彩太浓的人在企业里是不太容易立足的。因为想要做好一件事情，绝不能仅靠个人爱好，独断专行。只有通过不断沟通、协调、讨论，优先从整体利益考虑，集合众人的智慧和力量，才能做出为大家所接受和支持的决定，才能把事情办好。

清朝雍正皇帝曾云："天下惟以用人一政为本，其余皆枝节事耳。"雍正善于选拔人才，对于碌碌无为的官员绝不容忍，显现出一种灵活大度的用人格局，不拘成规、不唯资历、不为科举八股左右，只要是有能力、有魄力、有精力就可获得破格任用。如此拔擢的人才常在关键时刻立下奇功，可见雍正识人、用人变化之巧。挖掘古文典籍中的智能，学习历代领导人的卓绝典范，可以让我们在历史长河中淘到智慧的珍宝。

台湾盖洛普公司设计了一套科学化、自动化的人员筛选研究方法，此一作法的中心思想是："不是看性格，也不是看智商，而是捕捉人们的主导特质，从正面而不是负面的角度来加强其特质。"其首席顾问丁庭宇强调，以正面的想法来看待每个人，就是要接受员工的个别差异，并且善加利用这些差异，使员工可以专注于个人的本能与特质，让他们忠于真实自我，在个人最擅长的领域发挥最大的潜能。盖洛普公司历经30年，持续研究各行各业卓越人士所提炼出来的34种天赋模式，重点在研究人类与生俱来的天赋，试着找出人们最强的主导特质。不把力气放在矫正自己的缺点上，而是不断鼓励他们运用先天的能力，再佐以后天的培养与训练，以激发出最高的生产力。每个员工都有潜藏的天赋，经营者的责任在于发掘、引导、善用员工的长才，让他们个别的强项得以充分发挥，而雇用新人时也能适才适用。此外，要能尊重员工个别的差异性，不要妄想以统一的绩效标准来评断每个人，否则很容易扼杀员工天赋最好的一面，进而造成生产力低落，以及人员的变动与离职，至今保持着使企业稳定的人才结构，企业也在不断地创造辉煌。

这两个小故事虽然算不上实际的选拔人才的例子，但在选拔人才的问题上都有很深的研究。古代科技相对落后的情况下就能遵循古书遗留下来的标准选拔人才，信息发达的现代社会，企业更可以制定科学的选拔标准。目的只有一个，寻找适合企业的人才。

搞掂真经

选拔人才的标准，应是企业在发展过程中总结实践经验和在企业现有条件下制定的适合企业发展前景的人才标准，而不是把“全才”或者具有某种特殊才能而本企业用不着的人都聚拢起来。

用人不拘一格

“不拘一格”这个词，常被用在企业管理的用人制度上，是指不拘泥于一种模式，打破死板单一套路和按部就班的用人制度，抓住时代机遇乘势而上，积极推进用人机制，完善用人环境，不拘一格地用人。有关人力资源研究的专家表示，目前我国的人才结构失衡，缺少国际化人才和高层次人才，没有完全建立起既能够适应市场经济和国际竞争需要的良好环境，又能够充分激发人才创造性和活力的人才管理机制。有鉴于此，不拘一格降人才，对企业来说，当务之急要适应世界发展的脚步，创造新型聘用环境，开拓思路改变用人态度，在管理体制和机制上把文章做深做透。下面介绍几种"不拘一格"的方式，仅供参考：

第一，跨出国门去海外招聘。不定期地组团赴海外招聘，与海外多国和地区建立人才联络，与海外留学生组织签订共同推动留学人员回国工作、回国服务的协议。做国际的、最前沿的纳才工作，强占市场先机。

第二，吸引人才上门。企业要能做到让人才自己找上门，这是一件求之不得的事情，可事实上没几个企业能真正做到这一点。这就需要企业从自身的努力出发，建立良好信誉和显示宽阔的发展前景，更需要合理适当的宣传，才能达到这样的效果。

第三，打破地域限制。某些城市对于吸纳外地员工加以严格的限制或实行"区别"对待，没有当地户口就被拒之门外，或者虽被录用但待遇方面明显低于当地员工。这会严重挫伤员工的积极性和自尊心，更不符合不拘一格的要求。

大家都知道李嘉诚从一个卖塑料花的小生意人而成为商界富豪的故事，他坦然地说：良好的处世哲学和用人之道是助他成功的关键。就在他的长江实业发展到一定规模时，李嘉诚意识到，企业要发展人才是关键。于是毅然决然地劝退了一批创业之初的"开国元老"，果断起用了一批年轻有为的专业人才。与此同时，他还制订了若干用人措施，诸如：开办夜校培训在职工人、选送有培养前途的年轻人出国深造等等。而他自己，也专门请了家庭教师学习知

识，并自学英语。在李嘉诚新组建的高层领导班子里，既有具有杰出金融头脑和非凡分析本领的财务专家，也有经营房地产的“老手”，既有生气勃勃、年轻有为的港人，也有作风严谨善于谋断的洋人。在集团内部管理上把西方先进的企业管理经验带入长江集团，使之在经济的、科学的、高效的条件下运作；在对外方面，尤其是在西方，这些外籍员工不但是李嘉诚接洽收购的先锋，而且是集团进军西方市场的向导。精于用人之道的李嘉诚深知，不仅要在企业发展的不同阶段大胆起用具有不同才能的人，而且要在企业发展的同一阶段注重发挥人才优势，恰当、合理地运用不同类型的有才能的人。因此，他的“智囊团”里既有朝气蓬勃、精明强干的年轻人，又有一批老谋深算的“师爷”。香港商界盛传李嘉诚左右手并重，其中最引起人们注意的是精明过人、集律师与会计师于一身的李业广和股界风云人物杜辉廉，其中杜辉廉为李嘉诚在股票发行、二级市场的收购上立下了汗马功劳，特别是在 1987 年香港股灾到来之前，成功地为李嘉诚的集团集资 100 亿港元。

在用人问题上，李嘉诚深知任何人都可以成长为干才但绝不可能成为全才。每个人才都有长处和短处，用人之道不是去专攻人才的短处，而是发挥他们的长处，这就像大象食量以斗来计算，而蚂蚁只需粒米就能吃饱。各尽所能、各取所需，量才而用，扬长避短，找准每个员工的优点和企业每个职位的特点，使其完美结合，达到事半功倍的效果，也就是我们常说的用人要不拘一格。

搞掂真经

用人不拘一格，不仅指企业在招聘方式上要开拓创新，更要在工作中发挥人才的优势和避免其劣势。

重视员工培训

越来越多的企业已经不满足于仅仅靠提高产品的质量和完善售后服务来保持企业的活力，而是充分地认识到了人的因素，如果不能树立培养企业员工的思想，只想着从员工身上榨取剩余资本，就已经完全不能适应当今的潮流了。也许你会选择以增加员工的福利待遇和宽松的办公环境来吸引和挽留员工，但是，这仍然不是最根本的方法，员工最终仍会不满足而离开。越来越多的企业已经开始选择用培训来笼络员工了，员工们很清楚，拥有一个不断提高的技术远比每个月多出有数的工资要踏实、自信和乐观得多。薪水是有限的，而技术是在不断提高的，将来的待遇也会相应增加。而对于企业来说，员工具有较高的业务能力、知识水平、技能和管理能力，也是企业提升质量的保证。不要忘记生产、技术和管理人才的储备，是企业拥有强大竞争力的来源之一。

据有关专业资料统计报告显示，世界500强中多家知名企业都非常重视对员工的培训，每年仅用在人才培训和开发方面的费用占到总人力资本的20%，而这20%的花费给企业员工带来了极大的工作热情和创造性，既保障了生产和管理等各方面的近期效益，也源源不断地给企业吸引有才干的员工和更多优秀的人才进来，为企业创造了良好的经济效益远景，并使它们在世界500强的排名顺序中位置不断攀升。在如此大的全球化的背景下，许多国内企业在培训上的认识在逐步深入，也纷纷开展了形式各样的培训活动来增加企业活力，为企业创造更大的经济效益积蓄后劲。无论企业多大多小，都要充分重视员工的培训，大企业可以持续走高，而小企业如果不提高人员质量，则将停滞不前，甚至被经济浪潮淘汰。

西门子是一个非常重视员工培训的企业，他们的培训计划从新员工培训、大学精英培训到员工再培训，涵盖了业务技能、交流能力和管理能力等多方面。对新员工的培训又称第一职业培训。指第一次参加工作的员工在企业接受为期三年左右的第一职业培训，实行双轨制教育，学习理论知识和技能。由于企业内部基本上使用的是技术最先进的培训设施，保证了培训的水平，因此它的第一职业教育证书在德国经济界享有很高的声誉，又由于理论与实践相结合，深受年轻人的欢迎。大学精英的培训：西门子计划每年在全球接收3000名左右的大学生，进入西门子的大学毕业生首先要接受综合考核，考核内容既包括专业知识，也包括实际工作能力和团队精神。公司根据考核的结果安排适当的工作岗位。此外，西门子还从大学生中选出30名尖子进行专门培训，培养他们的领导能力，从而为西门子储备了大量管理人员。在颇具灵活性和长期性的商务活动中，知识和技术必须不断更新、换代。员工不断进行在职培训，才能跟上商业环境以及新兴技术的发展步伐。西门子的培训计划分五个级别，各级培训分别以前一级别的培训为基础，从第五级别到第一级别所获技能依次提高。主要针对培训对象和目的的不同，具体培训内容和日程也相应的逐级提高。在公司每年投入的8亿马克培训费中，有60%用于员工在职培训，保证了企业员工的高素质，也使企业员工一直保持低流动率。

西门子是一个全球著名的企业，以其完善的管理制度和良好的企业信誉以及不断增长的效益立足全球500强企业之林。它在培训方面的完备举措是可圈可点的，其经验更是不言而喻。多年来他在培训方面一直坚持不懈地努力与探索，足以见得培训对于一个企业的成长是多么的重要，西门子在员工培训方面的成功经验正是其他企业需要分享和学习总结的。

企业对员工培训，看似是企业在做出牺牲，而实际上对员工培训，在员工素质提高的同时，也就是为企业创造更高的经济效益的双赢时机，更是企业“收买人心”的绝佳手段。

为人才搭建成长平台

近年来企业在不断努力地吸引、吸收人才，实施人才战略的举措，充分展现了企业对于人才的渴求与重视，也表明企业认识到人才资本已经成为企业的最大资本。而在吸引了人才的同时，企业是否也为人才的成长铺平了道路，创建良好的发展空间，准备好了为人才搭建的成长平台呢？

为人才搭建的成长平台是指企业为人才成长创造的良好环境和为其发展而搭建的“快车道”，让人才在企业中如鱼得水。这是企业着眼于未来的发展和需要，为制定的“人才工程”而实施的方案。建设优秀技能、专业技术和优秀管理人才队伍并举的人才战略，是提升企业整体专业水平的重要条件，也是企业发展腾飞的关键所在。同时，人才也希望在工作岗位上实现自我价值。因此，对于人才来说，哪个地方构建了理想的事业平台，哪个地方就构筑了人才高地，各类人才就会源源不断地涌向哪里！

搭建人才的成长平台，创造良好的发展空间。完善以科技和创新、求实、求效为主的体制和机制，一定要实现人才与生产要素和最佳岗位结合，实现人才的价值。也要充分调动人才积极、主动，满腔热忱地投身到企业的高速发展之中和攻难克险的生产实践之中，在实

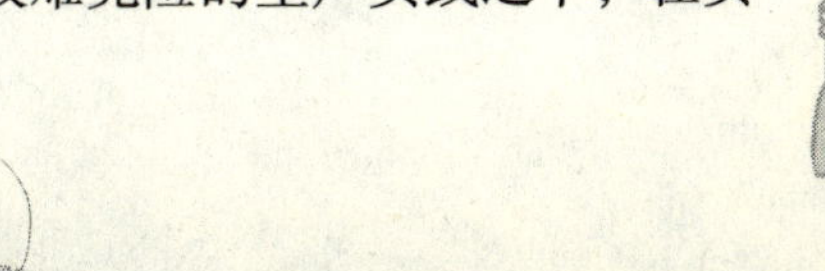

践中展现自己的才华,在实践中发掘自己的潜能,在企业高速发展的进程中实现自身价值。企业搭建人才成长平台也要注意相应的制约机制,人才的成长和发展都不能随意放任和无章可循,要加以科学地管理,另外还要设立目标机制,有助于人才发展方向的把握,也是对企业负责的表现。

紫光捷通副总经理刘丹在紫光工作十年了,他的感触非常深,他说:"感激公司为我提供了施展才能和抱负的舞台,感激领导如兄长般的包容、信赖与重用,感谢同事的大力支持。想到自己也从当初一个毛头小子变成了今天多少有些成熟的中年人,都是企业给予我的成长的机会和平台,让我伴随公司的成长度过了最可宝贵的青春年华。作为见证公司成长历程的一员,我感到由衷的自豪与高兴。这十年是公司成长的十年,也是我个人学习进步的十年。通过不断地尝试和创新,我们用坚持不懈的努力和永不言败的进取,一步步获得了行业的认同,十年间,创造了属于我们自己的辉煌。"成长是破壳的痛苦,成长是蝶变的浪漫。十年,对于一个理想主义者,一个完美主义者,如果他的能力非凡但是却没有机会去施展,那将是多么大的悲哀啊!然而静心回顾这十年的历程,心中所充溢的却满是感激。他一下子触动了内心深处尘封许久的感动,一时之间很多思绪都拥挤着要奔涌而出。但他此时最希望借此机会表达的,却只有两个字:"感谢"而已!是持久的感动凝结成对事业的执着,这忠诚加执着便是敬业乐业。只有企业提供给人才成长的平台,人才可以将个人的前途与团体事业交融在一起,对团体心存感激,忠诚敬业,事业才会有发展,个人才能成功。

企业要把人才看作是一种资源,考虑的应是如何发现、利用资源以及保持资源的可持续开发。即使目标都是发挥人才的潜能。给人才搭建一个成长的舞台,只有在这个舞台上,你才能发现谁才是真正的人才，谁是滥竽充数的南郭先生。同时也是给他们的一个竞争的舞台,使人才更加优化。

搞掂真经

为人才搭建成长平台，既是对人才的尊重，使其拥有宽广的发展环境，同时也是对人才的考验，是一个优胜劣汰的竞争舞台。

适才授“官”,人尽其才

提到授“官”,人们的脑子里就会浮现出中国古代官吏的形象。古代的读书人一生的目的就是考取功名,得到任用,才能发迹。不像现代社会有这样宽的就业渠道。官人的“官念”只有官大官小、“肥差”、“肥缺”或“冷门”或“清水衙门”之分。很多人还不惜重金花钱买官,这当然是实现利的第一步,经过几年的奋斗再去竞争一个“肥差”,还是为了实现利的目的,很少有人把国家社稷放在心上。古代官场上从官位的竞争到“肥差”的竞争,也就是“官利”的竞争。乍听起来有点耸人听闻,连官场都那么利欲熏心,何况以赢利为目的的商业社会了！其实也不至于打击一大片,还是有很多刚直不阿,秉公执法的好官,事迹至今仍在民间流传,比如海瑞、包拯等。我们今天讲的在职场中适才授“官”,是授予更高的企业职位和权利,这个官位不是用来剥削下属,更不是终身制,要承担相应的责任和义务。职位提高,待遇肯定也会提高,用来鼓励员工积极进取,以此展示可以有更大的发展空间,不会令人感到前途渺茫，产生危机感，只有这样才能激励员工进取心。也利于人才的交流与分配,做到人尽其才。

人尽其才,是管理模式中科学的用人观。不仅凝聚人才也凝聚人

心，达到事半功倍的效果，是人才流动与竞争的正常秩序，也是企业发展的需要。如果不能唯才是举，人尽其才，或是拉帮结派，任人唯亲，而是乱用职权，面对员工的出色表现视而不见，不放权，事事怀疑，最终会涣散人心，使人才流失，使企业落败。因此，在企业内部上下级之间应杜绝和切断亲疏或依附关系，任人惟贤，建立和谐、讲原则、透明的晋升关系，杜绝任人惟亲和职场内部权、钱、利益交换，杜绝用人舞弊的现象，保障企业有章可循，合法合理。

微软从成立到现在已经走过了 25 年的历程，从两个人的小公司发展到现在的 3 万人规模，微软深信“适才授官，人尽其才”的理念。设计了“双轨道”的发展机制，既鼓励优秀员工在管理轨道上发展，也鼓励在技术轨道上发展。在每个轨道上的机会都是平等的。也许一个高级别的工程师比副总裁还要资深，从制度上保证了人才发展形式的多样性，也利于吸引人才和留住人才。另外，微软实行低薪高股，每一个员工都以股份作为奖励，高级专业人员可享受股份的优惠，还给予任职满一年的正式雇员一定的股票买卖特权。因为公司的每一点进步都是有员工自己的一份辛劳在里面，当然也会有自己的一份收益。微软公司鼓励公司内部人才的流动和发展。各级别的管理者都遵循人尽其才的方式，给每一个优秀的人才发展的空间。各级别管理者也深深理解“最优秀的人不属于我，而属于公司”，给最优秀的人才更好的发展机会。一旦发现员工在管理方面的才能已经远远超过了他目前的职权范围，就会安排适当的职位，使其发挥更大的效用。除了培养优秀的人才之外，公司也必须及时督促那些表现较平庸的员工，给他们机会改进。为了达到这个目的，微软公司建立了完善的分级评估体系，并定期对员工的工作表现进行考核。在每一年度的考核中，每一个副总裁必须把他部门所有的员工分成四个等级，如果拿到最差等级，就是得到“不改进就得走”的通知。与员工利益分享的办事风格成就了微软的辉煌。

微软的高级管理者深深地理解到，微软的高层如果不是以身作则，就无法得到员工的支持和信服。所以，即便在副总裁或总经理这一级，也施行严格的淘汰制。微软的成功被很多人视为是一个神话，而今天我们看到的是却是一个实实在在的具有严格管理和淘汰制度的企业，他对优秀的员工给予充分的尊重、广阔的发展空间与高额的物质奖励，对偷懒和平庸的员工也绝不姑息纵容，兼顾了效率又不失公平，是一个相当完善的管理体制，值得每一个即将走向成功的企业深思和学习。

搞掂真经

树立科学人才观，适才授“官”，人尽其才，创建自由平等的人才成长和竞争的环境，一同见证这个人才辈出的时代。

因事设职，职能匹配

因事设职，职能匹配，是每个企业在招聘员工和安排职位时最基本的原则。虽然每个员工都有自己的特长，然而企业里毕竟职务有限，不能增加冗员浪费成本。必须实施因事设职，职能匹配的办法安排职位。首先考虑人才是否适合企业和职位的需要，在这基础上让他们尽可能地展现才能。经常可以看到很多的大型公司在媒体上招聘什么类型的人才的消息，也许是这个企业在之前根本没有设立这个职位，但基于公司业务发展和管理需要更新的角度考虑，而新成立的部门，要做到因事设职，职能匹配，并且在过程管理中不断进行调节和修正。

1.按照需要量才使用。企业的发展不仅迫切需要各方面的人才，

而且也为发挥人才的作用创设转动的平台。从工作分析与岗位说明中找出所需特长的要素，运用配置与校正的方法逐步发掘积压的或是用非所学的人，把适用的人分配到最能发挥其专长的岗位上。

2.要客观而全面地了解用人。在使用人才时职务要与所能承担的责任相称，物尽其用，人尽其才，正是需要使相应的人才处于相应等级岗位，把人的才能、专长和岗位、职务、责任协调统一起来，这一点可以通过双向沟通的方式，运用提案、绩效、面谈和工作交流等方式来实现。

潘先生是一名保险公司的高层管理人员，他对如何带领团队、如何做员工管理，有自己独到的看法，尤其是因事设职，职能匹配上更有自己独到的见解。这种观点与他自己的一段成长经历有关。17年以前，潘先生是在台湾的生产力中心工作，在那里他遇到了一位让他终生难忘的老板。刚进机构时，薪水很低，但他还是在努力地工作着。一次，公司有了一个为出国考察团联系的工作，当时公司里没有一个人能够有时间和能力承担，新招聘时间也来不及了，于是就派他去美国处理这件事，并任命了一个职位给他。公司觉得任用潘先生也冒了很大的风险，但是觉得应该给员工机会，才能知道他是否适合这个工作。这个考察团在美国受到了隆重的接待，走出机场他参加了接待仪式，由他代表讲话，还接受了记者采访。潘先生当时想：我只是一个年青的小伙子，怎么会变得这么重要。潘先生说："许多事情，是企业需要什么样的工作，设置什么样的职位，员工才会有机会去表现和发挥。给员工提供一个平台，让他们去学习，如果总是抬桥子，只在旁边看，怎么会成长呢？"通过那次的工作表现，公司决定正式任命他负责企业的对外联络工作，潘先生也在无数次的历练中更加成熟和专业，他的职位也越来越高，并且企业还奖励给他一部分股权。现在，17年过去了，他很感激企业，他也依然在沿用企业的一贯用人原则，发现和培养了很多优秀的人才。

潘先生在企业中得到了意外的机会和前途，这都归结于他的企业的一项业务，得以展现他在外交方面的才华，并且他用行动证明给企业看，他是有能力办好事情的，也是证明给自己看，挑战自己的表现。企业在用人的过程中难免会遇到一定的风险，但是一定要敢于冒风险培养人才，才是企业的用人之道。

搞掂真经

如果你是人才，就要做到"因人设事，事在人为"；如果你是企业的老板，就要做到"因事设职，职能匹配"。前者是人才成就企业，后者是企业造就人才。

放手使用人才

企业要发展，人才是关键，这句话已经说了很多遍。企业要在市场竞争中立于不败之地，求得更好的生存和发展，必须具备一支高素质的人才队伍，同时，拥有了人才还要能够做到放手使用人才，巧用人才。扬长避短，解放思想，打破常规，坚决破除论资排辈、求全责备、迁就照顾等陈旧落后的观念，注意人才的科技素质，任人惟贤、知人善任，明确职责权限，让他们放手去干。营造尊重知识、尊重人才、爱护人才、支持人才、拴心留人的氛围，使各类优秀人才脱颖而出、奋发进取，并在使用中实现合理流动，在工作中给各类人才实现自我价值和施展才华的用武之地。放手使用人才应做到：

给予充分的信任。信任是润滑剂，也是加速人体自信力爆发的催

化剂，更是一种基本激励方式。信任是一种强大的精神力量，有助于团队精神和凝聚力的形成。信任体现在相信人才、依靠人才、发扬人才的主人翁精神上；平等待人、尊重人才的劳动和意见，“用人不疑，疑人不用”。

授予职位的权利。把握实际需要、扬长避短，及时地提拔重用，以免打击了“千里马”的积极性。具有识才的慧眼，不能对身边的人才“视而不见”、“置之不理”，避免“一个人说了算”，压制和埋没人才，及时地给任务压担子，引入竞争和激励机制。

为人才设定目标。目标是组织对个体的一种心理引力，确定适当的目标，给他们压担子调动积极性，让人才增强责任感，在实践中培养他们解决实际问题的能力，并能够维护企业自身的利益。

燕国燕昭王即位时，国家百废待兴。燕昭王认识到，国家的兴盛，必需依靠贤能之士的智谋。要想使燕国振兴，也必须从招揽人才入手。于是燕昭王发现在燕国举目无亲的乐毅是个人才，不顾同姓群臣带有偏见的议论，当机立断，大胆起用。“立于群臣之上，以为亚卿”。为乐毅这位杰出军事家提供了施展才智的平台，也使燕昭王实现自己振兴燕国的夙愿有了人才保障，成为其人才战略成功的关键。燕昭王没有看错人，乐毅一上任，果然不负众望，显露出超人的才华。他精辟地分析当时形势，提出了克敌制胜的方略。改革内政，搞好外交。经过多年的积累，“燕国殷富”，经济实力大为提高，国民的凝聚力大为增强，伐齐的条件已基本具备。外交方面，乐毅提出“必与天下图之”的策略，联合楚、魏、韩、赵等国，结成反齐军事联盟。至此，伐齐的条件已完全成熟。公元前 284 年，燕昭王任命乐毅为上将军，授以相国印，合燕、赵、楚、魏、韩五国之兵以伐齐。在济西大会战中，击破齐军。楚、魏等国的军队力疲而归，乐毅则不给敌军以喘息机会，率燕军乘胜前进，轻骑锐兵，长驱直入，一举攻克齐都临淄，齐闵王逃入莒城，仅以身免。燕国取得了自五霸以来空前未有的胜利。其后，燕昭王又命令乐毅留下来继续战斗，夺取齐城之未下者。燕昭王对乐毅充分信任，放手使用，从不对乐毅的军事行动进行干预，更不要说掣肘，从而使乐毅能淋漓尽致地施展其军事天才。乐毅又在齐打了五年，转战千里，下齐七十余城，除莒、即墨两城以外，其他齐国城邑全被攻下。至此，乐毅的功业达到光辉的顶点，燕国的国势也达到了强盛的巅峰。

燕昭王成为群雄之首，固然有多方面原因，如善于思考，英勇善战，把握时机等等。但他独具慧眼知人善用，不畏反对意见，用人不疑，识别人才的能力不可小觑。在人才的能力得到展现后又放手让人才去干，并鼓舞其努力进取，为国家建功立业。

搞掂真经

放手使用人才不是对人才的放任和放纵，更不是完全放权，而是对人才的信任和理解，相信他的能力，才能使其充分发挥作用。

用人不疑，将在自律

“用人不疑，将在自律”是企业用人的一项重要原则。它是指企业领导对下属要充分信任，相信下属的道德品质，认可下属的工作态度，理解下属的内在欲求，明白下属的工作方法，肯定下属的工作才智，信赖下属的工作责任感等，放手让他们工作。但这个“不疑”是建立在自律的基础上，与被用者自身的修养素质与受教育程度有关。员工感到企业对自己的信任和责任，激发对企业的理解和兴趣程度，自律感、荣誉感、自我约束力以及自我激励能力，在工作中表现

出主动性，对所承担工作和达到组织所设定目标的自信心，克服困难和战胜挫折的勇气，对同事的尊重和在工作中体现出协作精神，对团队及团队精神的爱护，对学习、进步及荣誉的追求。企业无须制定任何条条框框来限制，而是凭借监督制约机制加以人性化的约束，充分给予员工处理问题的空间。

在职场中，“用人不疑”主要体现在企业管理者既然把工作交代给了下属，就不应有不信任感。有疑虑则应立即进行调查，若确有问题，坚决不予启用，若似是而非，就应该启用。当然，还有约束机制和各种规章制度对用人过程进行监督，所用之人一旦出现问题，则立即调整。以人为本，开拓用人空间。而用人不疑的自信主要靠自律来体现。自律，就是对自我的约束，自觉遵守团队的纪律和规章。这种约束没有外力的作用，完全发自内心。在企业中，自律是最起码的职业道德。企业纪律约束需要人员的监督，但这种监督不可能兼顾到每一个人，也不可能兼顾到每时每刻。更多的时候需要员工自律，自己约束自己，自己管理自己。这种自律保障下的自由感，会让员工觉得自己就是企业的主人，并且觉得自己有一个自由的环境去实现自己的想法。在高度自律的企业中，每个人都会对自己的行为负责。

东汉末年，天下大乱，诸葛亮经刘备的“三顾茅庐”得到重用，但引起了一些人的嫉妒。一时间对东吴大臣诸葛瑾(字子瑜)的谣言四起。孙权听后说道：“子瑜与我共事多年，恩如骨肉，彼此也了解得十分透彻。对于他的为人，我是知道的，不合道义的事不做，不合道义的话不说。刘备从前派诸葛亮来东吴的时候，我曾对子瑜说过：你与孔明是亲兄弟，为什么不把他留下来，而且弟弟应随兄长，在道理上也是顺理成章的，他必不敢违背兄意。我再写信劝说刘备，刘备也不会不答应。当时子瑜回答我说：我的弟弟诸葛亮已投靠刘备，应该效忠刘备；我在你手下做事，应该效忠于你。从道义上说，都不能三心二意。我兄弟不会留在东吴，如同我不会到蜀汉去是一个道理。这些话，足以显示出他的高贵品格，哪能出现那种流传的事呢？子瑜是不会负我的，我也不会负子瑜。可以说，我和子瑜已经是情投意合，而又相知有素的朋友，绝不是外面那些流言蜚语所能挑拨得了的。”

有一个买西瓜的故事。说的是一个师傅有两个徒弟，他想从中选择一个接班人，可又拿不定主意选谁好，于是决定对二人进行“考核”。他分别对大徒弟和二徒弟说：“你出门后向左转走一百米，买个西瓜回来。”大徒弟接令后按着师傅的指示出门后向左转，走了一百米远，但没有看到有卖西瓜的，于是便空着手回来了；二徒弟比较聪明活络，他出门后向左转，走一百米也没有看到卖西瓜的。他想，过了前面这座桥或许有，于是过了桥，但依然没有看到有人卖西瓜。在回来的路上，二徒弟思忖着：也许对面的马路上会有西瓜卖。于是他向右转，走了不到一百米，果然买了一只西瓜回来。师傅最终挑选了老实听话的大徒弟。

师傅认为大徒弟办事老实，认真客观还实事求是；而二徒弟聪明机灵心眼多。让他往左转走一百米，他却还过了一座桥；不仅过了桥，而且还向右转走了一百米。这样的人不可靠，如果选择他当家一定不会太平。圣贤认为，用人就要充分信任，否则还不如不用。但这个信任的尺度是没有评判标准的，有人认为办事诚实可靠为好，这样的结果往往是只要没把事情搞砸就行；而有的人认为信任是相信他一定能办到，不管手段如何，达到最终目的为好。企业在处理用人问题上应慎重分析，确定需要把信任交给什么样的人。

搞掂真经

用人不疑，不是全然不理，出现任何状况都不去思考原因，而是

相信他能够自律。同样，企业也需要从自律的角度审视用人不疑的标准。

巧妙搭配人才

使用人才，不仅要考虑每个人的才智和能力与职位的相互匹配，做到人尽其才，更要注重人事上的编组与调配，时时注意人才的情绪和感情的变化，把类型一致或者互补型的人才合理组合，做到优势互补，互通有无。巧妙搭配人才，不仅能够形成合力，而且还有利于节约，避免人力资源浪费。培养员工的同甘共苦精神，也是企业人性化管理的重要内容。如果不注重搭配，措施不力，即使多么优秀的人才聚在一起，也会造成人才资源的浪费，而且还可能导致“三个和尚没水吃”的后果。

人才的调配应当从实际出发，本着“科学、合理、高效”的原则，积极做到人尽其才、行动默契、团结一致、发挥合力。一方面要善于识别人才。对每个人的优势和特点都了如指掌，不仅谙熟每个人的现在，还要了解他们的历史；清楚其工作，还要留意其生活。扬长避短，合理调配；另一方面善于把握整体。有大局意识，善于从“一班人”的角度来考虑问题，从整体上调整人员的增减、人员的互补，彼此间的微妙性和性格等，使人员的调配能够拧在一起，形成合力，第三个方面还要在调配中培养人才，挖掘潜力。有的放矢，科学安排，创造条件，目的让唱主角的挑大梁，唱配角的拿大奖，形成各有千秋的良好局面。用人上的合理调配统筹安排，是人事管理工作中的学问和艺术。作为企业，一定要在这方面做足文章，充分运用好调配艺术，使人才资源能够得到最充分的开发和利用。

在日本被尊称为“经营之神”的松下幸之助的成绩有目共睹,其搭配人才之道可以借鉴。他认为:聚集太多的智能,如果搭配不恰当也会把企业搞垮。举例说,有三个能力高强的人合作创办了一家企业,所有人都认为这家企业的业务一定会欣欣向荣,可事实上却是在不断地亏损,让人觉得不可思议。集团总部得知后,研究对策,最后决定敦请这家企业的社长退股。没想到留下的两个人齐心努力,竟然挖掘出企业的巨大潜力,企业利润也在逐年增加。而那位另谋高就的社长,在另外的企业里也充分发挥了他的实力,创造了不错的业绩。这其中的奥妙不言而喻就在于,人才配合要恰当。在数学上一加二等于三,但在人与人的组合调配上一加一可能会就会等于三,但调配不当却可能等于零。

在某商业银行一个新成立的炙手可热的职能部门里,为了提高业务素质,实现领导干部“四化”方针,同时也为了防止某些特权人物走关系、写条子,塞进能力不够的人,所以在领导班子选拔时,制定了很高的用人标准。经过严格考核、考试,招进的都是年富力强、名牌大学本科或硕士毕业的年轻干部。但经过一段时间工作后,并没有达到预期的工作业绩。按理说领导班子成员精明强干,所配备的职员能力也不弱,为什么组成团队反倒效果不好呢?究其原因就是这些年轻的领导干部们个个能力都很强、思维活跃、学识又都很高,但没有一个能服人的核心人物,造成互相谁也不服谁,不能形成一个目标一致、团结协作、共同努力的领导层团队,其根源就是在人力资源管理中个体差异考虑不周,人员配置上互补思想没有贯彻好。缺乏统筹领导,没有形成“三杰”加上一个“班长”的合理人才结构。

企业能够认识人才搭配的重要性,可以说已经成功了一半,但怎样搭配才能使优势互补,形成合力,创造出效益,每一个企业需要根据工作性质和人才的特点作具体分析。可以是知识搭配、气质搭配、能力搭配、性别搭配、年龄搭配、技能搭配、性格搭配等等。应该注意选择配伍的人才必须有共同的理想、追求和目标;注意人才的品行和修养,尤其是道德品质是否一致。搭配人才的目的是"增值",要求彼此诚意待人,对合作者相互理解,相互尊重;搭配人才还要追求动态的平衡,要允许人才的流动、人才的相互选择和人才的重新组合,允许人才的更新和彼此职位的变换,在动态中去求平衡、求完美。

搞掂真经

从实际出发,巧妙地搭配人才,本着"科学、合理、高效"的原则,另外还要保证人才的目标方向一致,积极做到人尽其才、行动默契、团结一致、发挥合力。

为员工营造愉快的工作氛围

企业效益的提高有多方面的因素,"管理也能出效益" 这是毋庸置疑的,在管理中的一个重要方面就是创造愉快的工作氛围。工作氛围是影响工作效率的重要因素,轻松和谐的愉快气氛能够减轻工作压力和烦恼,也能大大提高员工工作积极性;而毫无生气、气氛压抑又紧张的工作氛围,使员工感到压抑,士气低沉,把工作当作受罪,毫无激情,不仅没有提高员工的积极性反而还会有消极作用。很多企业面对大量的人才流失与效益的低下已经很清楚地说明了这一点。掌握创造愉快而和谐的良好工作氛围的技巧,并将之运用于自己的工作中，是十分重要的。

良好的工作氛围是自由、真诚和平等的工作环境，就是在员工对自身工作满意的基础上，与同事、上司之间关系相处融洽，互相认可，有集体认同感、充分发挥团队合作，共同达成工作目标，在工作中共同实现人生价值的氛围。在这种氛围里，每个员工在得到他人承认的同时，都能增强自信心，积极地贡献自己的力量，并且全身心地朝着预期的目标努力，在工作中能够随时灵活地调整工作方法，使之具有更高的效率。但工作氛围是一个看不见、摸不到的东西，在员工之间的不断交流和互动中逐渐形成，所以人是创造工作氛围的重要的因素。领导者是企业中的核心人物，工作氛围在很大程度上受到领导者个人风格的影响，这就决定了良好的工作氛围也取决于管理者的管理风格。工作地点对于员工在工作中的感受也有很大影响，有利的工作地点不仅决定了企业能够吸引人才的数量和质量，而且也有利于企业留住人才。

东菱凯琴集团就是一个以“创建良好的环境，增强集团的凝聚力”为座右铭的企业，在2003年建起了占地200亩的新厂房。在散热通风透光的建筑材料上不惜投入大量资金，为员工提供良好的工作环境，调动他们的生产积极性，在个别特殊的工作岗位上，则根据国家的有关规定和实际需要配备必须的附带工具，如配备耳塞和口罩等。在厂房的生活区内，集团投资了10000多万元，兴建了能容纳5000人的员工宿舍和投资高达30多万元的酒店式建设。同时，建造了一个能容纳1500人就餐的饭堂，5个小商场、两个篮球场、多个羽毛球场和卡拉OK室等，极大地丰富了员工的工余生活。另外，集团还购入了26套商品房给优秀员工使用，并解决员工子女读书问题。加大了全体员工的工作积极性和进取心，效益也蒸蒸日上。

微软在营造氛围方面也是一个好榜样。他们从关爱员工生活入手，成立了一支后勤服务队伍，在员工工作忙碌时，帮助他们料理私人事务，甚至包括交水电费等。而公司里随时准备免费的饮料、点心等食品，以供加班的员工使用。从而使员工有一种贴心、踏实的感觉。释放工作压力也是微软的另一举措，软件业的从业人员显然处于更高的工作压力之下。为了减轻员工技术层面上的压力，微软在做任何一项软件开发的时候，每天都有一个 check point，以研讨会的方式在一起探讨问题。为了减轻业务人员的压力，经理们通过 one-on-one，即直接对话的方式定期与之交流，帮助减压。如果没有释放的渠道，压力就被扩大了。相反，就被缩小了，不值得担心了。微软还让优秀员工进行评比，要想拿这个奖，你一定要表现出良好的团队合作精神，为同事提供无私帮助，在提升时这也是重要依据。通过以上四方面的系列举措，微软创造了较高的员工满意度。

员工是企业最宝贵的资源和财富，尊重和关心每一位员工，为其创造愉快的工作氛围是每个企业义不容辞的义务。让员工感到企业的重视、信任和关心，对企业产生真感情，用多倍的努力来报效企业，还要善于从细处入手。不仅要给员工良好的工作环境，而且还要与员工谈心沟通，了解他们的思想动态、生活状况，解决他们的后顾之忧。另外，员工之间的关系也直接影响企业的凝聚力。员工之间关系融洽，企业的凝聚力就强。建立一种和睦融洽的合作关系，使大家在友好相处、密切协作的气氛中愉快地工作和生活，在愉快工作和生活中加深对企业的依恋之情和忠诚之心，是最聪明的管理秘籍。

搞掂真经

营造愉快的工作氛围，不仅指工作环境和福利等等，还指和谐的人际关系，这不仅需要企业主管方面的努力，也需要员工的大力配合。

第五章　我的嘴角都是奶油

假如你是一个企业的管理者，在面对员工时总是挑剔员工的毛病，即使有优点也不赞扬，怕员工骄傲，我想你大错特错了，因为人都是喜欢听表扬和赞美的，没有一个人愿意听你的善意唠叨。照一照镜子，看看自己的嘴角有没有奶油，如果没有先去品尝一块吧，感受一下什么是甜蜜。

懂得尊重员工

对员工而言，最能让其产生满足感和价值感的除了薪酬以外，是最起码的尊重。在企业中工作不仅仅用劳动来换取养家糊口的费用，更是为企业的发展贡献力量，在劳动和人际交往中能够得到尊重和礼遇比什么都重要。职场中的尊重不仅表现在尊重员工劳动成果，不轻易否定员工的工作能力和剥夺、践踏、篡改其劳动果实，还应多倾听员工的心声，归纳总结员工心理，从员工的角度出发制定规范政策。另外更要尊重员工的人格和尊严，无论员工是否贫穷或出身卑微，都与别人有同等的人格尊严，都和别人有同等的生活与工作的权利。另外，员工的宗教信仰和个人的生活隐私不需要公开，更不能对其任意诋毁和污蔑，杜绝企业内部不良的人际风气，尊重和关心员工，树立企业的尊重文化，激励员工努力工作。

职场中，每一位员工都非常希望得到别人的尊重，要想得到尊重，首先应学会尊重别人，只有诚心诚意地尊重别人，微笑宽容礼貌待人，别人也会对你微笑宽容礼貌，和诚心诚意地尊重。努力提高自身素质，尤其是管理人员，更要摆正自己的位置，谦虚谨慎，戒骄戒躁，平易近人，严于律己，宽以待人。不自以为是，居高临下，盛气凌人。对员工的缺点和错误要本着惩前毖后、治病救人的原则，善意地正面批评教育。同事之间不相互讥讽挖苦，既要懂得尊重别人，还要懂得自尊自爱，正确评价自身价值。要努力学习，提高自身素养，树立自信心，培育员工的自豪感，提高自己在员工心目中的地位，建立良好的企业文化。

惠普一直实行遵循“人本”管理模式，即“企业是人”，企业是由人组成的集合体。“企业靠人”，必须依靠全体员工，甚至客户的智慧和力量，才能促进企业经营目标的实现，因此必须充分尊重员工。惠普的尊重文化有五个核心价值观，相信、尊重个人，尊重员工；追求最高的成就，追求最好；做事情一定要非常正直，不可以欺骗用户，也不可以欺骗员工，不能做不道德的事；公司的成功是靠大家的力量来完成，并不是靠某个人的力量来完成；观念不断地创新，做事情要有一定的灵活性。这些核心价值观最根本的又在第一条：相信、尊重个人。相信每个员工都有他的重要性，因此尊重每个人的重要性。只有这样，公司员工才能齐心协力为公司的发展而努力。实现管理的预期目的，增强企业的生机和活力，调动员工的积极性、增强员工的主动性，才能使企业形成一种人人关心公司经营，人人为经营尽心尽力的局面。与惠普打过交道的人，都会感到惠普的做风与别的公司不一样。不少公司一旦发展壮大后，总裁就开始有很多的特殊待遇。总裁办公室从来没有门，任何员工都可以越级向上反映各种问题。在中国惠普总部，如果中国员工受到顶头上司的不公正待遇或看到公司发生问题时，他们可以向上反映，直面陈诉。而在越级上报后，换来的并不是指责或报复，而是顶头上司最真诚的致歉，充分尊重了员工的尊严和权益，因而才有了今天惠普比较低的人才流失率。

要做到尊重员工，需要加强干部的个人修养，学会尊重人、理解人、善待人。需要加强管理艺术的学习，以情感人，激励干劲，凝聚人心。同时，还需要企业制度的保障，将尊重员工作为选拔任用干部的一项标准。只有这样，才能使尊重员工成为干部们的共识，成为企业的风气，丰富管理的内涵。也只有这样，才能最大限度地维护职工的“主人翁”地位。

搞掂真经

尊重员工不仅仅表现在见面时微笑、打招呼等等，还应是发自内心的平等相待、关心、体谅，从员工的角度考虑问题，这样才能树立企业与员工共同服务的意识。

用微笑面对员工

微笑传递给人的是支持、关怀、亲近、友善和赞许，带给人力量、鼓舞、信心，也能够化解隔阂。职场中用微笑面对员工，可以增添员工的信心和力量，让员工更有决心做好工作；用微笑塑造和谐融洽的氛围，使员工消除压抑、消除紧张，更乐意做好工作；用微笑来不断传递给员工尊重、信任、关怀的信息，让员工从微笑中获得价值满足，从而更积极地做好工作。微笑是一个不需要增加投入的管理，它不需要任何人力、物力、财力的投入，需要的只是管理者发自心底的一个微笑——轻轻地运动一下面部肌肉而已。如果企业管理者时刻用微笑面对员工，就会在企业组织内，创造出一个和谐融洽的气氛，驱散上下级之间、同事之间可能存在的阴霾，让下属员工心情舒畅，消除隔阂，紧密合作，形成一个所向无敌的高效团队。企业组织形成了这样的团队，没有克服不了的困难，这本身就直接构成企业的核心竞争力，保证企业持续稳定发展。

管理中的微笑，不是偶尔划过池塘水面的涟漪，不是雨后空中瞬间绽放的彩虹，而是美妙的乐曲在耳边的久久回荡。要用微笑面对每个员工的每一件事，让微笑常在。如果员工工作不到位，把事做砸了，要加强沟通、充分指导，激励到位。对工作不吹毛求疵，鸡蛋里挑骨头，多作正面肯定，发现长处、发掘优点。发现员工的长处和优点，也就能会心地发出微笑；面对员工工作中出现的缺陷，不要怒气、怨气齐发，而是一起寻找有效解决问题的方法。不然的话会使下属员工丧失信心，增加自卑，放弃努力，甚至产生敌对情绪，涣散团队合作，对企业是极其不利的。微笑是最不浪费时间和精力去研究的管理方式，只要嘴角微微动一下，所有的不和谐气氛都会被你化解。

被称为“旅馆大王”的美国著名企业家希尔顿先生就是靠微笑感动员工和顾客的。希尔顿用第一笔5000美元的投资开办了一家旅馆，几年后资产跃升到几千万美元。此时的希尔顿非常得意，他向母亲讨教现在他该干什么，母亲告诉他：“你现在去把握更有价值的东西。除了对顾客要诚实之外，行之有效的办法就是简单的、容易做到的，少花钱但要行之长久的微笑。”希尔顿大受启发，于是他要求员工，无论多么辛苦，有什么委屈，都必须对顾客保持微笑。哪怕工作完成后，私下里的不痛快找希尔顿发泄也没关系。“你今天对顾客微笑了没有？”成了希尔顿的名言。他还有个习惯，每天至少要与一位希尔顿旅馆的服务人员接触，向各级人员问及最多的也是这句话。即使在美国经济萧条到最严重程度的1930年，全美有60%的旅馆倒闭，希尔顿的经营也没有逃脱厄运，同样连年亏损。希尔顿旅馆没有为保全利益而使全体员工失业，工作还和以前一样出色，他仍要求每个员工：“无论旅馆遭遇到什么，希尔顿旅馆服务员的微笑永远是旅馆的阳光。”在如此艰难的情况下，希尔顿的服务员用微笑感动着每一个前来旅馆住宿和就餐的顾客，赢得了顾客的认可，一直保持着不错的房间入住率，是同行中效益最好的，并未走向破产。希尔顿旅馆的成功是员工用微笑帮他渡过了难关，而且带来巨大的经济效益，到今天发展成为在世界五大洲拥有

70余家旅馆，资产总值达数十亿美元的跨国集团。希尔顿用微笑战胜危机的佳话也被人们传诵。

微笑富有魅力，微笑招人喜爱，也是仁爱的象征，快乐的源泉。有了笑，人类的感情就沟通了。微笑可以缩短人与人之间的距离，化解令人尴尬的僵局，是沟通彼此心灵的渠道，使人产生一种安全感、亲切感、愉快感。当你向别人微笑时，也容易博得别人的尊重和喜爱，赢得别人的信任。生活中多一些微笑，也就多了一些安详、融洽、和谐与快乐。

搞掂真经

微笑是人间最美丽的表情，最和谐的音符，让这最美丽的画面绽放在每一个企业里，让最和谐的音符定格在每一个员工心中。

别轻易对员工发火

“金无足赤，人无完人”，每个人都有缺点都会犯错误，员工也不是神仙，能够做到事事完美。错误谁都无法避免，面对这紧急关头的“掉链子”，你该怒气、怨气一同发泄出来，还是暂时忍耐，扭转思路找解决问题的办法？我想大多有知识有修养的老板都会选择后者。因为你的恶劣情绪不仅无济于事，还会影响到员工的心情，甚至是所有员工对你的看法。要做的是使员工尽快成长起来，少犯错误，提高自身的修养和承受能力，避免焦虑不安，动不动就发火，员工的积极性也很快会被调动起来。

绝大多数人坚信，自己的快乐操之于人，是别人给的。因此员工也喜欢与一位素质高的老板共事，与修养高的人接触也能提高自己的修养，减轻一些工作压力和烦躁紧张的情绪，也利于自己工作能力的提高。作为老板，他更多的是喜欢员工做出顺己意、舒己心的事，但是，每个人都有自己的思想和行为的自由，又有哪个员工愿意任人摆布呢？最多是要求员工完成任务。遇到"火烧脑门子的时候"，要先梳理自己的情绪，等情绪平静了，清醒冷静地分析发生问题的原因。避免带着焦躁的情绪去处理问题，大发雷霆，造成员工惊慌失措。如果在情绪实在难以平静下来的时候，可以尝试一次性连续喝下1000毫升水，注意力就会从焦急的事情上，转移到发胀的肚子上，焦躁的情绪得以很快平息。尿急如厕，本身就是身体和精神放松的过程。心平气和，是老板理性处理问题的心理基础。有研究表明，企业经久不衰的秘诀就是领导者要心平气和地对待任何事情。以相互理解和尊重的心态实施管理，感觉自然就不一样了。

在一次月度营销例会上，营销经理发现会议进行20分钟了，居然有一位业务员仍没有到会。他自言自语道："这个业务员平时就很懒，也不把我放在眼里，如果不是因为他能拉到业务，早把他开除了。"会议过去半个多小时后，这位业务员才出现在会议室。营销经理立刻把会议停了下来，开始对这位业务员进行"批判"。在同事面前大约"批判"了10多分钟后，业务员说了一句话："我刚才在和一个客户签合同。"经理认为他狡辩，又要发火，却见业务员拿出了那份合同，合同的签定日期正是当天。后来这位业务员辞职到竞争对手那里去了，令那个公司丢失了一大批客户资源。

小朱是一个广告公司的企划员，一天，她还没走进老板的办公室，就听见老板在屋子里咆哮："你们这些人是怎么回事？哪有你们这么办事的?！都是饭桶！"小朱小心翼翼地敲了敲老板的房门，过了一会儿，听见老板高声说："进来！"进了老板的房间，看见几个同事正垂头丧气地站着挨训。看见小朱，老板仍然没好气："你怎么现在才来？你们可以走了！"几个同事赶紧离开了房间。凭她的经验，这次被老板召见是凶多吉少。果然，老板拿出小朱昨天交的企划案，"啪"的一声，摔在桌子上："你写的这是什么玩意儿？连客户的基本情况都没有搞清楚！还有这个地方、这个地方！写的合适吗？啊？"小朱不敢申辩，只好低着头听老板训斥。老板训了多长时间她不知道，直到听到老板说："出去吧！"她这才一溜小跑回到办公室。回到自己的座位上，小朱心里委屈极了，她的企划案明明是周一开会之后按照老板的要求写的，但是现在却被他挑剔得一文不值。老板怎么也不顾及自己是个女孩子？就这么一点脸面也不给她留？到了午饭时间，她也没有心思吃饭。一连好几天，都在老板的黑色情绪感染下垂头丧气。

其实在心理学上，愤怒常常是内心力量的体现。老板们一般都是力量型的人，因此才能独挡一面。所以他们一般都比较强势，比较坚强，不容置疑。当他们遭遇挫折时，会以一种比较极端的方式表现出来。小朱十分委屈，将老板的愤怒看成是指向自己一个人的。其实，小朱只是老板发泄愤怒的一个对象而已。老板有可能是在外面遇到了一些压力，也可能是在处理家庭关系上出现了一些问题。总之，不要以为老板的情绪是自己引起的，因为你对于老板来说，可能还没有那么重要。老板不能对着客户发火，也不能到大街上去发火，公司是他掌控下的安全地带，所以他最有可能选择这个安全地带来发泄自己的恶劣情绪。

搞掂真经

一个不经意的不当举动，自己不以为然，却会给别人造成伤害。

作为企业的管理人员，处理事情要冷静，不要轻易对人发火，要保持好的情绪。这样会收到意想不到的良好效应。

和员工沟通

一个成功的企业在与员工的沟通上是不吝惜时间和精力的，耐心倾听员工的意见和建议，展现团队合作的诚意，也是企业成功的因素之一。在全球化趋势下，企业的生存竞争愈来愈严酷，企业能否在急速变化的环境中胜出，企业管理者的一言一行传达出的讯息，都深深影响员工的行为。沟通是高深的艺术，也是困难的工作，不同的家庭、种族、文化、信仰、时代的人，各有不同的沟通方式，企业的成员来自四面八方，如何搞好员工的沟通是摆在每一个企业面前的艰巨任务。

与员工沟通是现代企业沟通中最重要的一环，让领导与团队同心协力，上下一心，才可以创造出竞争优势与营业绩效。创造一个开放、团队合作、互相信任、重视与全体员工分享信息的工作环境，可以吸引并留住聪明能干的员工。但如果沟通不当，不仅不会起到好的效果，还会导致员工与企业的破裂。所以在沟通中要避免对员工的意见听而不闻或者一心二用，一边谈话，一边看电子邮件或做其他琐事，让员工觉得根本不受重视，甚至产生厌恶情绪。他们也会因此变得不在乎主管或主管所说的话。如此一来，便形成了沟通上的恶性循环。避免先说再听：当员工有了问题时，不肯倾听员工解释陈述，简单地批评指责，指手划脚，员工会觉得自己被特别警告，会产生抵触情绪。在与多位员工同时沟通时避免鸡同鸭讲，你一句我一句同时说，倾听一方不能接收到正确的讯息和了解

到真实的情况。

关于沟通,有些企业总裁会用汇报来表述,甲要求乙做事,乙要求甲有反馈。管理不是单行道,而是双向的。所以,甲一旦要求乙,乙就会对甲不断地汇报。这样可以让上司放心你在做什么,万一有差错,也来得及修正。企业家的话听起来拗口,其实道理很简单,沟通是互相的。

一天,余世维问部门经理:“今天早上有没有事情向我汇报。”对方愣了一下,余世维说:“昨天我交代你今早10点钟要向我汇报的事情,你还记得吗?”“对不起。”“我不喜欢听‘对不起’,今后我的眼睛一看到你,你就要向我汇报,这是公司的规定。”余世维认为,汇报是一环扣一环,总经理不必关心粽子里包的是什么馅,这是部门经理的事,但是要确保一根绳子拿起来,下面就得串着九个粽子。下属及时汇报的习惯若没有养成,上司要随时紧盯,直到养成这个习惯为止。

三星电子CEO尹钟龙说:“我花了很多时间巡视公司在国内外的工作场所,从基层开始检查运营情况,听取面对面的汇报,表扬他们取得的进展。这使我有机会随心所欲地与直接参与者讨论事务,从高级管理层到较低级别的职员我都能接触到。尽管许多人认为,数字技术的发展为打理全球企业业务提供了便利,但我仍认为没有任何革新能够代替人与人之间的沟通。直到现在,三星也是以面对面沟通为最主要的方式。”

英特尔采取开放的沟通模式。管理层通过网络,向全球员工介绍公司最新的业务发展,同时也会通过网上聊天,与员工进行互动式的沟通,回答员工提出的各种问题。每个季度,公司都会定期出版员工简报,让员工及时了解公司最新情况。此外,公司还有一个

“一对一面谈”制度，即公司与员工之间就工作期望与要求进行沟通。面谈通常通过员工会议的形式进行，要求员工来制定会议议程，由员工来决定会议议题。英特尔评价员工工作业绩是以结果为导向的，不管你过程做得怎么辛苦，付出多大，老板只看结果。也正是因为这样的原因，在新员工进入英特尔之初，得到最多的告诫就是不要去做远远超出自己能力的事情。善于沟通，融入团队，使新员工缩短了和企业的磨合期。

一位优秀的沟通好手，绝对善于询问并倾听他人的意见与感受。在许多人与人接触以及沟通的机会里，如果我们能随时随地仔细观察并且重视他人的情绪，慢慢就可以清楚了解他人的想法和感受，进而加以引导激励。一个人的成功，20%靠专业知识，40%靠人际关系，另外 40%需要观察力，因此为了提升我们个人的竞争力，获得成功，就必须不断地运用有效的沟通方式和技巧，随时有效地与“人”接触沟通，只有这样，才有可能使你事业成功。

搞掂真经

沟通是一门艺术，沟通方式灵活多样，产生的效果也各有不同。只要肯于去沟通，就一定能达到好的效果。

从换位思考开始

和谐的员工关系从换位思考开始，无论在企业外部还是企业内部，员工和用户之间以及员工和员工之间都能成为朋友。要以心换心，真诚相待，时刻进行换位思考。对外，要求职工牢记服务

这个宗旨,站在用户角度考虑用户的需要,为用户提供方便、高效、优质的服务,让用户称心;在企业内部,上级对下级要关心、信任和爱护,下级对上级要尊重、诚实、积极努力,上下级之间,各个部门之间,要相互理解,相互支持,做到心往一处想,劲往一处使,营造一个宽松、和谐的环境,从而增强企业的凝聚力,赢得稳定、持久的循环发展。

通过换位思考,突破固有的思考习惯,学会变通,解决常规性思维下难以解决的事情;了解别人的心理需求,感受他人的情绪,将沟通进行到底;揣摩对方的心理,达到说服对方的目的;欣赏他人优点,并给予对方真诚的鼓励,使团队和谐高效;很好地进行服务定位,成功销售产品;领导者可以得到下属的拥护;下属可以得到上级的器重。

换位思考在员工关系上是非常重要的,因为不了解对方的立场、感受以及想法,我们无法正确地思考与回应。换位思考到底是什么呢?其实就是"理解"别人的想法和感受,从对方的立场来看事情。它需要一点好奇心,但是不幸的是,许多人的换位思考却缺少了这一个要素。他们或是站在自己的位置上去"猜想"别人的想法以及感受,或是站在"一般人"的立场上去想别人"应该"有什么想法和感受。

换位思考在具体实施的过程中要具有明确的方向,这种思考主要要求上级对下属或商家对顾客换位思考。上对下换位思考有利于采纳群众意见,实行民主管理,特别是对下级提出的一些较尖锐的问题,在换位思考的状态下,可能就听得进去,有利于提高管理水平。在企业管理中,管理者应该要求自己换位思考,为下属着想、为顾客着想,而不应要求下属为领导着想,要求顾客为商家着想;如果下属能够换位思考,或顾客换位思考,则是管理者或商家的荣幸,企业的管理顺利,商家的销售也不会出乱子。从理论上讲,换位思考实际上是人本管理的表现，更强调满足人的心理需求，通过潜移默化而非规章制度，来树立人人为我，我为人人的观念。因此，应当形成一种氛围，深入人心。只有把换位思考作为企业文化的一个组成部分，融入到每个员工的灵魂深处，落实到每个员工的日常行为中，才能从根本上增强员工的责任心，形成管理上的良性循环，促进企业的发展。

1960年，Ben Duffy在纽约有一家小型的广告代理公司。他听到消息说，美国烟草正在寻找新的代理商，所以他打电话给美国烟草的总裁，约定了面谈的时间。这可是一笔巨大的生意，它能使Ben Duffy的小公司BBD & CO一举成名。Duffy觉得他必须计划一下这次的会面。于是他去酒店租了一个房间，以保证自己不受任何干扰。他工作了很久但仍然没有找到突破口。最后，他自言自语道："如果我是美国烟草的总裁，我想知道代理商的哪些情况呢？"他马上坐下来，写出了一系列问题，他把问题归纳成10个，并且都准备了答案。第二天，Duffy被领进总裁的办公室，在拘谨的自我介绍后，他说："我想，您一定想通过今天的会面知道我们公司的一些情况，所以我准备了10个问题，也许您希望知道答案。""真是太有趣了，"总裁回答说："我做了同样的事情，您愿意和我交换一下各自所列的问题吗？就现在。"Duffy知道这是决定生意成败的一个机会，他同意了。他在看总裁所写的问题时，非常惊奇地发现他们列出的问题非常相似。这时候，总裁说道："我看了一下，10个问题中有7个是一样的。"Duffy表示同意。总裁接着说："我觉得我们有基础可以进行讨论，得出一个双赢计划。"就这样，BBD & CO这家小公司得到了这笔价值百万的生意。如今它已经成为世界上最大的公司之一了。

在管理过程中，管理者每天所做的大部分决策事务，都是围绕沟通进行的，需要与上级、下属、公众进行交流。正像一位管理大师所说：“没有人与人之间的沟通，就不可能实行有效的领导。”在沟通中通过换位思考，可以相互了解、相互尊重，增强信心，建立信任关系。因此，换位思考是管理沟通的润滑剂。

搞掂真经

企业领导能够做到换位思考是一种优良的管理作风，更是展示企业魅力和气魄的举措；让员工自己体会到自己的不恰当言语和举动并感到惭愧，比横冲直撞的正面冲突更容易解决问题。

倾听是沟通的法宝

有位经验老到的沟通好手的建议相当诙谐又发人深省，他说：“沟通之道，贵在于先学会少说话。”多听少说，做一位好听众，处处表现出愿意聆听、愿意接纳对方的意见和想法。这时候，你会慢慢发现到对方比较愿意接纳你，并且提供你所需要的答案和讯息，甚至把他的真正的想法告诉你，让你事事顺心如意。

一位成功的管理者必须经常花相当的时间，和他的伙伴及上司作面对面的沟通。这时，最常被运用到的两项能力，一项是洗耳恭听，另一项则是能说善道。

在谈这些原则之前，你不妨反复思考受人敬重的政治家丘吉尔的一句金玉良言：“站起来发言需要勇气，而坐下来倾听，需要的也是勇气。”

我们经常从报刊杂志，以及各种调查报告中，看到不少千篇一律的报道：善于倾听的管理者通常能够获得较好、较高的职位，其升迁速度也比那些忽视倾听的人快许多。

事实正是如此。那些堪称为杰出的成功人士们，十之八九都是典型的“最好听众”。他们在工作上都不断创造过惊人的纪录，而他们事事顺利的成功，都归功于当初做过最好的听众。

想想看，你是否承诺自己要做一位更好的听众？其实，要想增进倾听技巧，并不困难。倾听时表现出很喜欢、很希望、很愿意听对方所讲的内容，有耐心，按捺住你表达自己的欲望，鼓励对方淋漓尽致表达出来，要很专注地听，不要被外在事物分神，也不可因内在原因而分神，把对方的重点记录下来，不过要看对方的立场、身份而定。避免几个不良习惯：挑剔存疑的眼神、不屑一听的表情、坐立不安的模样、插嘴。要反复分析对方在说什么，想想看有无言外之意或弦外之音。设法把听到的内容和自己牵连在一起，从中找到有益的观点、用途和建议。不妨在脑海中复述有价值的讯息、观点，直到记清楚。多听少说。“饭可以多吃，话不可多说”，但不妨适时发问。

伊藤洋华堂的某位商店经理与部下的良好沟通，曾使许多人深感佩服。在那个店里，包括临时工在内，共有员工500人左右。那位经理的不凡之处在于，只要有机会，他就会轻松愉快地向临时工们打招呼问好。如果再细致地观察，就能发现对于那些在卖场担任管理职务、掌握领导权的女性，他会特别注意和她们打招呼。可以说在任何一个卖场，都必然会在年龄、工作年限相近的团体中，有一位掌握领导权的女性，他们被周围的人视作权威——“有什么事去问她，就清楚了”。而在上司眼中，她们也是那种“要是闹别扭，那就麻烦了”的女性。如果能够跟这样的一些人进行良好的沟通和交流，那么就能使她们的才干得到充分发挥。商店经理正是在充分认识到这种重要性的

基础上，把她们看作现场的领导一样，愉快地向她们问好。伊藤洋华堂的创始者伊藤先生也曾说过，工作人员必须去倾听现场顾客的声音，到现场去询问顾客“有什么要求”，这样就能够尽早了解顾客的需求，这也是商店经理成为现场倾听者的意义所在。在卖场巡视的时候，经理可以谈谈商品销路、库存商品、POP 等任何想到的事情。这时，重要的是向员工询问时要有诚意，能虚心地听取对方的意见，能在纠纷或不平、不满表面化之前及时发现。在认真致力于工作的过程中，不可避免会遇到意见的冲突、纠纷的阻碍等，伊藤洋华堂要求商店经理必须掌握这种妥善解决纠纷的技巧，并把纠纷引起的人力、物力两方面的损失控制在最低限度，保持企业的低投诉率。

要想成为出色的商店经理，必须善于倾听他人的声音，并关心他人。也就是说，有必要让自己成为部下的倾诉对象，懂得如何做一个好的听众，才能建立起良好的沟通。为此，要尽量抑制自己的任性，把重点放在沟通对象上。这样，听人说话的能力也会有所长进。

搞掂真经

倾听是沟通的法宝，回想一下，你的沟通技巧是什么？是生硬地下达任务，还是照单采纳下属的意见？显然这两种做法都是不适合的。善于倾听员工的心声，才是化解矛盾的途径。

切忌言而无信

信用一词在《辞海》里的解释是，遵守诺言，实践成约，从而取得别人的信任。不同的研究角度对信用的定义也有所不同。在经济学的眼里，信用就是采用借贷货币资金或延期支付方式的商品买卖活动的总称；在社会学的眼里，信用又是指对一个人（自然人或法人）履行义务的能力尤其是偿债能力的一种社会评价。信用在不同领域有不同的存在方式，但无论哪种存在方式，言而无信都是人们痛恨的。已经明确表示过也承诺过一定能做到的事，可行动上却是另外一套，结果往往使人伤心。同时自家的生存之地也会越来越小。“人无信不立”，近几年信用在商业竞争中被越来越多地提起，保障良好的经济秩序，建造和谐竞争环境需要诚信；企业在激烈的市场竞争中要想站稳脚跟长盛不衰要有信用；人们在社会中的工作和生活也需要信用，建立和维持和睦的家庭生活，工作上维系良好的人际关系，对待事业一丝不苟，等等，可以说信用无处不在，无时不在。

在职场中，人们往往都有这样的感觉，和自己信得过的人在一起工作会感到心情愉快，与一位信誉高的企业家谋事会感到踏实，在一位讲信用的老板手下工作也会是一种安慰，从而干劲倍增，觉得自己的付出是值得的，从心底里愿意为企业奉献。这是因为企业与员工彼此信赖的缘故。相反，遇到一个言而无信的企业或者上司，就会产生过一天算一天的消极态度，觉得自己真心实意的工作说不定会付之东流，有苦说不出。所以切忌空口说白话：“我非常信任你”，“好好干吧，我一定会给你什么样的奖励”等等。员工会为此赴汤蹈火。但如果发现得不到实质的兑现，对你就会渐渐失去信任。因此，在企业管理中，做不到的事情一定不要轻易说出口，说出来的一定要竭尽全力兑现，避免言而无信。

小王刚从学校毕业，现在是京城百万销售大军中的一员，今天是他第一天上班。刚进公司，老板就召开全体员工大会，用浑厚响亮的声音对大家说：“大家都知道，我们公司才‘十几个人，七八条枪’，可

我们却有着广阔的发展空间，只要我们用心、用脑，以后一定会为在我们公司工作过而自豪。年轻人不缺激情，面包会有的，车子、房子也会有的……”这亲切又激昂的演讲不禁让人感动。小王通过几个月的艰苦努力终于有了业绩，于是被留下录用了，这时他向老板提及用工合同的事，老板说：“这个事我知道的，合同不过是一张简单的纸，过一段时间你们对公司熟悉之后再说吧。先把手上的事情干好——这只是一件很小的事情嘛！”小王缄默了，只有等待。时间过得飞快，转眼一年过去了，老板始终没有记起这张“简单的纸”——试用期的薪金待遇只有普通员工的一半——难道“人精”老板日理万机，得了健忘症不成？小王觉得有必要跟老板提一下。一天，趁老板在办公室里工作也不忙，便敲了敲门进去了。老板很热情地开口了：“小王啊！有什么事吗？”“老板，我们来公司已经快一年了，可是合同还没签呢，您看什么时间把这个事情办一下啊？”“哦！对，对，对，哎呀！看我的脑子，忙起来什么都忘记了，好，我马上就起草啊！这几天就办，你回去和大伙说，这几天就签啊！”小王高兴地走了，迫不及待地告诉同事们这个好消息去了。可转眼又两个月过去了，老板依然只字未提合同的事。小王和几个一起进公司的同事决定再找老板谈一谈，不过，这次是谈辞职。

小王的老板把利益看得比什么都重要，而忽略了企业文化和企业信誉与自身形象，也忽略了员工才是企业运营的核心竞争力的本质，把作为一个老板的起码的信用放到了一边，做企业当然要以赢利为最终目的，但一定也要赢得光明，赢得道德。这位老板对待员工的态度明显是一种欺诈和侵权行为，不仅侵害了员工的物质利益，也是一种自掘坟墓的行为。这些员工辞职后肯定会劝阻其他的求职者慎重考虑这家单位，不仅仅对企业外部形象造成很坏的影响，更是让企业的内部员工也表现出对企业的怀疑。

搞掂真经

"轻诺则寡信。"讲信用不是口若悬河的说辞，更不是装模作样的表演，而是必须别无选择地兑现承诺。否则将自毁形象，失去人心。

褒奖多于惩罚

在心理学界，对于被奖励或惩罚后的心理问题的研究一刻也没有停止过。一些早期的文献记载里面，感性的描述多于理性的分析，也并未得出实质性的答案，今天我们也无从借鉴。但可以肯定的是，一句褒奖的鼓励的话会让一个放牛班的学生成为化学家，让羞涩的留学生成为广受年轻人喜爱的心理学者；褒奖的力量，鼓励的火花，曾经让许多人的生命出现了奇迹……每个人天生都渴望得到他人的赞赏；同样的也都惧怕惩罚。心理学家兼哲学家威廉·詹姆斯说："人类性情中最强烈的，就是渴望得到人们的认同。"许多心理学家，用动物做实验，来比较表现好给予褒奖和做错事给予惩罚的不同反应，褒奖的效果明显好于惩罚。

职场中更需要给予员工以肯定与赞美的褒奖，尤其在上下级之间，效果更是明显，褒奖可以把员工的潜能调动出来。企业对员工的褒奖永远不会白费，对员工表示信心和肯定，他们很快就会增强自信心，并且有办法完成你所设下的目标，这就是褒奖的力量。正所谓褒奖高收获也大。

前任福特汽车总裁皮特森就有每天写纸条褒奖员工的习惯。他说，你每天最重要的十分钟，就应花在鼓励员工上。褒奖可以把人的能力发挥出来，而惩罚则会使人的能力枯萎，因为惩罚意味

着员工达不到要求。以迟到扣工资为例，员工早晨上班迟到了会被扣工资受到惩罚，但不会因为早到而得到褒奖。于是大家都保证准时到，但谁也不愿提前到。要是实行早到有褒奖，大家就会抢着先到，提前完成一天的任务，也免去了加晚班的烦恼，提高了工作积极性。

茶树村是远近闻名的茶乡，不久前，在县里举办的制茶能手比赛中，郝支书选送的两个茶叶样本落选了，而同村茶农却在比赛中获得铁观音第二名。几年前，老郝被村民们选为村支书，他带领全村人一同种植茶叶，办起了茶叶加工厂。如今，茶树村已有百十来户村民上山种茶，办起十多家茶叶加工厂。全村茶园面积达一千多亩。在往届的制茶能手赛中，他经常名列前茅。一年来，郝支书为了村里的茶叶，误了自家的茶叶。村民们加工出来的茶叶先后在省、市、县制茶比赛中获奖。可是，由于郝支书忙于帮助大家而顾不上自己的茶园，没有及时杀虫、施肥，茶叶产量减半，采摘下来的茶叶品质下降，加工时花工不够，损失了一万多元，还导致这次在比赛中失手。郝支书的妻子觉得很委屈，就对郝支书抱怨，弄得郝支书这几天心情也不好，种茶的钱还是跟别人借的呢，这下又亏了这么多，不知道什么时候才能还上。得知郝支书在比赛失利的消息后，不少村民前来安慰他，并感激地说："郝支书，大伙都知道你是为了大家才失利的，我们永远忘不了你，你在我们心中永远是第一名。"听了大家的话，郝支书非常感动，他觉得只要大伙富裕了比什么都重要。郝支书的妻子转念一想，也觉得他是一个好人，以后应该多鼓励他，而不是为自家的一点得失就埋怨他。

郝支书是一个无私地带领大家走上富裕道路的好党员，他为了村里的茶叶事业，不顾自己家茶叶的经济损失。他的行动感染了大家，成为全村人心中的榜样。郝支书听了大家安慰鼓励的话，觉得自己虽然损失了一些经济利益，但仍很值得。试想一下，如果村民觉得郝支书在比赛中失职已经完全不适合做领导，对他横加指责，会产生什么样的后果呢？

搞掂真经

褒奖与惩罚产生的效果是截然相反的，一句褒奖鼓励的话会化解心中的不快，增加工作的信心，而惩罚会让人不悦，甚至产生逆反心理。因此，要把握好这两者之间的关系，审时度势后再应用。

信任是最好的鼓励

在《管理学会评论》一书中对“信任”的解释是这样的，信任是一种心理状态。在这种心理状态下，信任者愿意处于一种脆弱地位，这种地位有可能导致被信任者伤害自己。信任者对被信任者抱有正面期待，认为被信任者不会伤害自己。把信任与被信任的关系阐述得非常清晰，但就信任本身来说，毋庸置疑，是相信对方的人品和责任心，因而能更加增强对方的信心。

职场中经常需要和不熟悉的人去打交道，建立信任关系是第一位的。用投资的眼光去看信任，终将能够获得丰厚回报。随着时代的发展，信任机制也在发生着变化，从过去的人际信任，逐步的向更适应现代社会的新型系统信任过渡。中国传统上来说是一个熟人社会，人们彼此都是在认识的基础上生活，这种信任是建立在彼此对共同的信仰和价值观认同的基础上圈定的。而现代社会的新型系统信任的基础是建立在人际之间的时空分离的基础上，借助于现代化的通讯和信息交流技术,因而时刻处于脆弱状态,任何的风吹草动都会使信任刹那间崩溃。但它又像空气一样不可或缺,对社会生活的影响也非常大。正是基于它的脆弱,职场中的信任才显得尤为宝贵,把一个重任交给员工,是企业冒的巨大风险,但这种风险又是每个企业必须承受的。同时员工也会因为受到信任而信心倍增,竭尽全力去办好每一件事。由此可见,建立信任是企业给予员工的最大的鼓励。

战国时,秦国欲借助韩、魏的军力去攻打齐国,齐威王得知后就派将军匡章率兵迎战,两军交错扎营。开战之前,双方使者相互来往。匡章就借此机会变更了一些齐军的徽章,使之混杂到秦军中待机接应,配合齐国的军队攻打秦国。齐威王的使者打探到这个消息,但摸不透匡章的用意,便悄悄向齐威王打小报告说:"匡章可能要带兵降秦。"齐威王听了置之不理。过了不久,又有前线回来的人向齐威王报告说:"匡章可能降秦。"齐威王仍不理睬。如此再三。朝廷众大臣见此情景一齐向齐威王请求道:"言章之败者,异人而同辞,王何不发兵击之?"齐威王胸有成竹地说:"此人不叛,寡人明矣,曷为击之!"果然,时过不久,从前线传来齐军大获全胜的捷报。群臣都很吃惊,询问威王何以有此先见之明。齐威王告诉他们,从匡章的日常表现便可推断出。匡章的母亲在世时,得罪了他的父亲,一气之下被他的父亲杀死后埋在马厩下。威王用匡章为将时,其父已经死了。齐威王曾许诺他如若打了胜仗之后,就为他的母亲举办一场葬礼,但为匡章谢绝。理由是:父亲生前未做此吩咐。他说:"不得父之教而大葬母亲。"这使齐威王对匡章的为人有了较深的了解,也坚信他"为人子不欺死父,岂为人臣欺生君哉?"所以,尽管前线三次送来情报说匡章可能降秦,但齐威王都没有相信,坚持放手让匡章指挥作战,终于保住了这次抗秦斗争的胜利。

匡章本人回朝后知道了此事，十分感动，更加誓死效忠。遂北伐燕，南征楚，为齐屡建战功。

齐威王与匡章进行深入接触后肯定了他的人品，也充分地信任他的能力，即使有人制造谣言也置之不理。致使匡章在前线用兵打仗时没有受到一点干扰，最后取得了战争的胜利。事实说明对一个人的信任，会增加他的信心，成就大事业。而在现代企业中，双方在相互合作中有了长时间的接触和了解，也可以为信任提供依据。成功合作的时间越长，信任度也越高，高度的信任就是这样产生的。

搞掂真经

从长远看，建立信任是为了长久合作，是一种前期投入、后期获利的投资。信任对被信任者来说，是最好的鼓励。

感情投资不可少

曾经有人这样评价企业，“大企业做人，小企业做事”，作为职场中人，每一个人都对此深有感触。中国不缺人才，而是缺少好的管理者，要想把人才凝聚一起向着同一个目标共同努力，需要在多方面进行投资，企业硬件的投资，对外形象的投资等等。而对内首当其冲的就是对员工的感情投资不可少。感情投资是一种最廉价的投资，不需要浪费太多的资金和人力，内容也是包罗万象，但起到的作用却是最显著、最人性化的。人是感情动物，在这个竞争激烈的社会，每个人会因各种各样的原因变得很冷漠，甚至互相伤害。职场中善于运用用情技巧，对员工表示尊重和关怀，言谈话语间流露出亲切自然，遇到难题争取群众意见，这样相处不是更好吗？但要记住，这些用情技巧的核心是真诚，不是虚情假意，敷衍了事，更不是例行公事。

法国企业界有句名言：“爱你的员工吧，他会百倍地爱你的团队。”国外有远见的企业家早已从劳资矛盾中悟出了“爱员工，团队才会被员工所爱”的道理，因而采取软管理办法，对员工进行感情投资，花费最少，回报率最高，凝聚企业的向心力。其实不仅法国的企业非常重视对员工的感情投资，世界上的很多著名企业都很善于在与员工建立感情方面下工夫。感情投资的目的和方向一定是从员工的角度出发，于细微之处见真情，对员工及家人的生活给予关怀，解决员工的实际困难与自身疾病等方面的困难，多与员工进行亲切的交谈，等等。只要企业努力为员工着想，方法很多。换个角度看这件事，员工解决了后顾之忧，也会千方百计地报答企业，最终受益的还是企业。

企业家藤田先生就是一个非常善于进行感情投资的人。他每年会用巨资投入到为员工在医院保留病床位的基金，当员工和家属突发意外时，能够立即优先安排就医，避免因耽误时间而贻误治疗。也有人这样问藤田，如果他的员工几年内都不生病，这笔钱岂不是白花了？他回答：“只要能让职工安心工作，对企业来说就永远不吃亏。”藤田还有一项创举，就是把从业人员的生日定为个人的公休日，让每位职工在自己生日那天和家人一同庆祝。对员工来说，自己的生日也是休息的日子，可以和家人在一起享受快乐。藤田的信条是：为职工多花一点钱进行感情投资，绝对值得，感情投资花费不多，但换来员工的积极性将产生的巨大创造力，是任何一项别的投资都无法比拟的。在日本，人们的工作压力本来就很大，工作时间也很紧张，日本的企业家就在企业内部营造企业的家庭氛围,在寻求和建立员工与企业之间的“情感维系的纽带”方面获得了极大的好评,他们声称要把企业办成一个“大团队”,“大家庭”,因而注重为员工搞福利、为员工过生日。当员工结婚、晋升、生子、乔迁、获奖之际,都会受到领导的特别祝贺。这使员工感到,企业团队就是自己的家。

日本桑德里公司总裁岛井信治郎听到员工抱怨:“房间内有臭虫,害得我们睡不好。”他便在晚上一个人拿着蜡烛在屋子里抓臭虫,对公司的发展起了重要作用的佐田刚进入公司不久,他的父亲就去世了,岛井信治郎率领全体员工到殡仪馆帮忙。后来,佐田当上了主管,常对人提起这桩事:“从那时起,我就下决心,为了老板,即使是牺牲生命,也在所不惜。”

可以看出,老板对员工的感情投资会带来多么大的收益啊!这种投入也许对有些企业来说可能过于昂贵,但带来的收益是投入的N倍。藤田的感情投资方式可以借鉴。每个企业的情况不同,可以根据企业的条件和承受能力、职业特点自行安排。但可以肯定的是,人是有感情的动物,不是机器,追求利润的同时,别忘记给你的员工人性化的关怀。

搞掂真经

企业对员工的感情投资,是基于以人为本的理念,也是企业与员工维系情感的纽带,是不可忽视的企业必修课程;无论你的企业是大还是小,都行动起来吧,在感情上下工夫,做感情的文章。

增强员工的主人翁意识

增强员工的主人翁意识,让员工明白他们是在为自己工作,才会激发他们的积极性,把工作当成自己生活的一部分,与自己的切身利益息息相关。当员工明确他是在为自己工作的时候,他又有什么理由不努力呢?员工与企业的关系就如同像汽车与汽油的关系,缺一不可。好的企业需要好的员工,同样,优秀的员工也需要优秀的企业。企业怎样拥有、培养、留住优秀的员工,将是企业能否在激烈竞争中立稳市场的关键之一。

倘若你想拥有一个成功的企业,你不仅必须重视顾客,还必须首先重视雇员。如果员工感到受重视,得到尊重和赏识,那么他们也会同样地对待顾客。如果一个公司赢得了雇员的忠诚,它同样也会促进顾客的忠诚感。要使员工明确自己在企业中的地位,除了量才而用,给予合适的工作岗位之外,企业的激励是不可缺少的。

让员工在企业中增强主人翁意识就要在经营管理上,做到经营者和雇员利润共享,由此产生的激励效应,肯定远大于让员工们只拿固定的薪水。因为员工知道,最终的利润也有他们的一份,关系到他们的切身利益,所以能够增强责任心,提高工作的积极性。还要让员工参与管理,因为通过参与管理,可以让员工感受到那种"我不光是一个执行者,也是一个决策者"的成就感,会把这个企业当成自己的事业来看待。既然视为自己的事业,当然会比一般人更用心了,这种用心的结果,是效率的提高,员工的工作效率高,企业的竞争力也就提高了,既利于员工工作能力的提高,又利于企业效益的提高。

比尔·盖茨不止一次地强调:我们常常讲的主人公精神,是一个员工所具有的天然禀赋。具有这种精神的人，他的个人利益和公司利益是一致的。在微软，员工和公司的前途是紧紧连在一起的，微软人有着强烈的主人翁意识，这使得他们做任何事情都能为公司着想，全力以赴。正是由于微软员工具有这种主人翁精神，微软有着这样为企业着想的员工，今天的微软才会有这样的成就。

一家大公司推出了新的产品，需要更新品牌，公司所有员工都在为更换品牌的事情忙得不亦乐乎，而更换品牌的花费也非常高。公司在全国有七八十面路牌广告也要更换成新的，所有的计划都在进行当中。有一天，公司品牌更换计划的负责人苏涯跑来跟总经理说，他认为有一笔3万元的经费可以省下来，因为这七十几块路牌大小不一，本来是要找广告公司来帮公司制作七十多种图档，要花3万元，其实我们内部的美工同仁加班加点做个一两天，就可以做完，那么这笔钱就可以省下来了。其实在这个品牌更换的过程当中，公司花的钱很多，这一笔钱是早就在预算内的，可是苏涯想到了这个问题，就以“把钱花在刀刃上”的主人翁精神提出了建议。他觉得这件事情好像是他自己要做的事情，本来就应该是这样，帮公司把最少的资源用在最大价值的地方。

在现代公司里工作，我们要充分发扬主人翁精神，将自己的所作所为置于企业的发展之中。把公司的目标作为自己的目标，担负起自己的工作责任，一切行动着眼于公司的长远利益。主人翁精神，并不是说把自己当成企业的主人这么简单，而是以一种与公司血肉相连、心灵相通、命运相系的感觉，去做好每一件事情，去面对每一个客户，在每一个成功或者失败的经验与教训里面，渗透出企业以及你个人这种共同的精神气质。

搞掂真经

增强员工的主人翁意识，让员工意识到为企业工作也是在为自己工作，在提高自己的工作能力和工作效率，在拓宽今后的发展方向。这也是企业在追求经济利益的同时又在培养员工。

第六章　挂满水蒸气的眼镜

在这一章里，我们将会看到失误、批评、是非、拍马屁、小报告等字眼，听起来都是不太好的话语，作为一个企业管理人员在面对这些难缠的事情时，该怎么办呢？一定不要只听一面之词，那就带上一副挂满水蒸气的眼镜吧！少看，多想。

冷静对待员工的失误

在前几章里，我们分别谈到了企业管理要人性化，与员工多沟通，进行感情投资等等，这样做的目的都是给予员工关怀，让员工体会到尊重和团结。但员工即使以企业为家，一心为企业着想，也难免心有余而力不足，谁都不希望出现失误，出现了也是始料不及的。在面对员工失误的时候，你该怎么办？先不要急于采取行动或发表言论，而是要以最快的速度理清问题的本质，然后再做出判断并采取相应行动。首先确定属下的行为是否为一时疏忽；其次，熟悉管理部门的规则，规定由企业出面的，就要维护企业威信和形象，出面处理；再次，不能把失误的员工看成“烂摊子”，工作中出现问题是正常和难免的，这是最基本的观念；最后，处理完这件事情后，找个机会与当事人进行一次谈话，以避免他再次出现类似问题。如果是企业里普遍存在的现象，就把它作为一个典型案例，在全体员工中开展讨论，以取得共识。而且，还可以利用这个机会，把避免类似事件发生的新规定传达给员工，从而在管理工作中获得事半功倍的效果。

员工出现失误处理得当也会是一个开创新局面赢得人心的大好机会，企业主动承揽责任，会减轻失误员工的压力，感激企业，变坏事为好事。在管理过程中，处理问题一定要冷静，最有效的办法是进行换位思考，置身员工的角度感受自己的所思、所欲、所需，从自己的心理感受出发去体验员工失误后的心理感受。把失误的这个现实暂时放一下，冷静地想一想为什么会出现这样的情况，是不是企业出现了问题，自己的领导和管理方式有没有问题呢？以此为出发点，把这些因素同时考虑进去后再去思考事情的前因后果。拨开了层层云雾，事态很快就会明朗，谁的责任，谁应该承担什么样的义务就很自然地分出来了，使原本出现的麻烦处理妥当。

前年与云同时进入公司的一个能力不如她的人升了职，而云却以“能者多劳”为由，承担了更多和更难的工作。她的工作性质是“多做多错、少做少错、不做不错”，于是云手上活儿越多越难，犯错误的机会就越大，为此她总是挨批。前不久还因在一项任务的细节问题上出现纰漏，被罚了一笔的同时又添了一个警告的处分。令云很不痛快的是，她的同事总是只分配到简单任务，且可以经常得到来自于她的指导，因此犯错的机会就小得多，在奖惩记录上至今“身家清白”。我听后问道：你的工作长期比别人干得更多、更累，还饱受窝囊气，是不是收入也相对高一些呀？她却回答说：“根本没有。”在他们公司，干多干少一个样；相反却是因为她常被罚钱，所以薪水还经常少呢！云很窝心，比“为什么受罚的那个人总是我”这个悬案更让她倍感困惑的是那位业绩平庸的同事，最近还得到公司的提拔。同一岗位的两名员工，一个成天忙得上蹿下跳、一个闲得整日无所事事。云想，难道就因为我总犯错误就判定我的能力有问题吗？云考虑再三，最后还是决定离开这家公司了。

有一个参加营销工作没多久的小伙子，拉到第一笔订单后，竟被骗了近十万。年纪小，入道也不深，又急于求成的心理让他一心想做成生意，违反了公司款到发货的工作流程，没打来款就先将货物押送到对方仓库里了，谁知早已设好的骗局等着他呢！说是吃过中午饭下午就付钱。仅一顿饭的工夫，货物已全部搬到了仓库里，连钥匙也锁在里面了。客户故作为难说，下周一定付款。可是第二天，仓库里就全空了，公司损失了近十万元的货物。而当小伙子向老板报告受骗情况后，老板并没有将他逐出公司，甚至都没有骂他。几年过去了，这家公司已经发展成为中国的500强企业之一；而当年那位小伙子，也已一

路成长为该企业的营销总监。

管理者在员工失败时向他伸出一只手，比在他成功时你用两只手拍出的掌声，更容易让人感动。年轻人犯错误不可避免，失败可以让他们走向成熟。问题是，当年轻人犯下大错误时，有几家企业，能像上述老板那样，冷静对待员工的失误呢？有时企业只是一味地激励成功，而不是鼓励创新和规避失败。这种传统的思维模式，其实恰恰制约了员工想像力和创造力的发挥，最终不利于企业的生存和发展。

搞掂真经

员工在工作中的失误，从某种意义上说也是企业的失误，也许是用人的失误，也许是决策的失误，当然也可能就是员工本身的问题，但不管什么原因，都应冷静对待。

批评与关爱同步

批评是每个人都不喜欢的，无论是批评者还是被批评者。但是事情已经发生了，如果不警告一下，就没有制度可言了，所以掌握批评的方法就显得很重要。如果批评得正确，批评得心服口服，就能起到积极的效果，也能促进企业的生产力提高。反之，批评得无凭无据，没头没脑，会让人产生厌烦和抵触心理，涣散人心。批评时的一个重要的原则就是：做到批评与关爱同步，这也是批评的最高境界。批评与关爱同步是推动工作的武器，也是企业管理者在工作中经常使用的行之有效的管理方法之一，关系到批评效果和管理成效。首先，批评前要调查了解实际情况，不能偏听偏信，要尊重事实，对事不对人，先听员工的陈述，有利于了解事情的真相，也有利于掌握被批评者的态度。批评时要端正态度，要有诚意，不能轻视被批评者，不可以权压人，不可任意发脾气，更不能背后批评人。批评的程度要适度，不可夸张，更不要批评已经认错的人。批评要及时，公开表扬，私下批评，留有余地，鼓励为先，鞭策为后，做到批评与关爱同步。

批评与关爱同步，要认识到批评员工是对“过失者”的一种关爱与负责任。指出缺点与错误，找出其薄弱环节，意在使其今后能够扬长避短，是对员工负责任的表现。另外，批评应是善意的。批评本身就不是一件愉快的事情，不到万不得已不轻易批评员工，而是在平时的工作中加以指点。一旦批评了，语气要尽量放缓，勿失尊重。良药未必都苦口，忠言也不一定非得逆耳。不能恶意诽谤，无事生非，要就事论事，对事不对人。批评是善意的提醒和纠正，不能把批评对象当作出气筒，要保持友善的气氛。这两点是批评的最基本原则，能够认识到批评要与关爱同步进行，是企业尊重员工，扶植和培养员工的表现。

郡在一家外资企业担任人力资源部经理的职务。有一天下班后，公司一个销售部的员工和另外两个陌生的男青年还在办公室或坐或站地闲聊。其中一位“来客”正在用公司的电话。郡问他们在干什么，公司员工说那两个人是他过去的同事。于是她没说什么，只是留意看了看那个打电话的人，他正好打完一个，接着又拨了第二个，在场的人似乎没有谁觉得这有什么不合适。当时郡说声再见就离开了。这个销售部的员工平时给郡的印象就比较懒散，上班时间还见过有人趴在桌上旁若无人地睡大觉。第二天上班后，她把这个员工找来，给予了很严厉的批评。但是，她还是不能确定这样做是不是值

得。一方面，一个面临激烈竞争的公司不能容忍员工的懒散和随意；正处在变革期间的公司也许应该重锤出击，以此为戒。而这个员工也许没有人教过他在职场应该如何表现，应该有人能够给予善意的提醒。从这个角度出发，郡想她做了她应该做的事情。但是，换一个角度来看，在这个公司，要改善这一现象需要做系统性的工作，批评只是一种形式。郡仔细思考了一下，觉得自己处理得过于简单，有点不太妥当。于是就去找那个被批评过的员工，向他道歉，并耐心地跟他解释了公司的制度。那位同事表示，自己做的不对，以后一定改正。郡心里的疙瘩也解开了。

郡是一个非常细心的人，她很善于观察员工的一举一动，也是一个善于总结经验的人，在发现自己的做法不太妥当之后，立刻进行了分析，然后决定用软性办法解决矛盾，结果效果很好。有的时候，我们善意的批评会表现得缺乏理性，虽然我们的用心是好的，但表现出来的火气，却往往使教育的目的没有达到，也失去了真正的意义。

搞掂真经

批评时要做到批评与关爱同步，这不仅是人性化管理的一个重要内容，也是一个人修养和素质的体现。

调离是非员工

办公室里的是非员工是让每一个企业头疼的事，这些讲别人是非的员工在工作中表现不是很积极，但是讲别人是非扯闲话却很繁忙。办公室里员工的情况被他打听得一清二楚，再隐密的情况他也想方设法地搞到手，再去和别的同事分享他的胜利果实，以此显示自己的神通广大。这些是非员工更是每个人厌恶的对象。把别人的事搬出来加以评价，一般还不是善意的，而自己的无耻行为却不检讨。在别无选择的情况下最好的办法就是远离，不在他的视线内就让他想不起去搜集你的信息了。

环境是由人所组成的，每个个体的行为，都会影响到其他人的想法、整体的气氛与工作的进程。想在职场发光发热，作为企业决策者除了具备才华，更重要的还有性格、情商、社交等许多看不见的因素。企业的组织结构一般是可以用图表呈现的，而人际关系是非正式的组织结构，面对是非员工，最好的办法就是远离是非圈，更不要跟着别人惹事生非。没有人去给是非捧场，谣言和闲话就只能不攻自破，员工的注意力也会集中到工作上来。

作为企业也不是远离是非就可以明哲保身为目的，也要进行非正面的控制，把是非员工分散办公区，使他们没机会凑在一起，和正常的员工一起工作没有拨弄是非的机会，是非也就不会有那么大的传播量了，是非员工也就会自讨没趣了。不可小看是非员工的力量，他也许会使所有员工都军心涣散，大家互相猜疑，最终击垮的是企业，所以面对是非员工要做到明察秋毫，但也要遵循与人为善的原则，面对是非要能分辨真假，努力储蓄人脉存折，不过问他人私事，不张扬个人隐私，在适当时候勇于承担责任，控制事态，防止进一步恶化。其他员工也要配合，聆听别人讲话的内容，不要情绪化，不对是非的内容表示兴趣，不把是非进一步传播下去。努力寻找信息的漏洞，你虽不能杜绝是非的产生，但能减少传播的途径。

宁是一个办公室里的白领，一次她说新来的部门经理长得很

帅，有点像电影明星“徐柯”。于是两个小时之后，整个销售科都在传言她暗恋“徐柯”。不久，“徐柯”当着大家的面说道：“刚进公司，一切对我来说很陌生，不过大家似乎很热情，我想我有必要自我介绍得再清楚一些。我姓严，不姓徐！”宁心中暗暗生气，不知哪个长舌妇竟然把话传得这么快。“严先生，我……”宁不知道该怎么解释才好了。接着他又说：“你是女孩子，我不想让你尴尬，这件事大家就当不知道吧！把报表给我看一下。”宁真恨自己这张笨嘴。半小时后，她走出办公室，便看到同事们瞪大了眼睛站在门口说：“怎么样，你们说什么？怎么这么久，这下前途无量了？”宁没好气地回到自己的办公桌，想到蒙受了不白之冤，真是气不打一处来，没有一点心情再工作了。好朋友蒙已经冲到她的身边说：“哎呀，我以前怎么没发现你这么厉害，听说他长得像……”天哪！小蒙可是在五楼啊！都知道了！第二天进办公室，宁的脸上一副准备应战的表情。可是同事跑到她身边对她宣布最新消息：“严柯辞职了！”只见严经理已收拾好了东西，他很无奈地对宁说：“我实在没想到，昨天有人打我手机。留言是：‘吻了别人要负责’，恰巧被我女朋友看到，她现在气得一个人不知道跑到哪里去了！”对这具有夸张放大效果的办公室超光速流言，严除了辞职，真想不出还有什么方法逃脱。

部门里的员工在散布是非，速度如此之快是这个女孩无法想象的，也弄得她很烦恼。可我们始终没有看到部门里的领导出面制止，一个讲究办事效率的经理也许会通过接近是非来了解员工们所关心的事，即使这些消息不正确。选择从是非中得到消息只是成功的一半，管理人员能利用这一点把员工的信息加以分析，治理。

搞掂真经

回避是非，并不能终止是非蔓延。作为一个企业管理者，为企业负责，也为员工负责，把喜欢搬弄是非的员工调离，会使是非逐渐消失。

远离拍马屁员工

拍马屁是一门传统又古老又高深莫测的技艺，曾有人把拍马屁比喻成挠痒痒，很有意思。人的背上自己手够不着抓的地方发痒，若得别人帮着挠，狠劲抓几下，那种快慰之感，绝非言语所能形容。同样，自己有些得意之处又不好意思或不便自吹自擂的，若得别人好好的赞美几句，夸奖两声，那心中的舒坦惬意，也是难以言表。但拍马屁和挠痒痒也有不同的地方，比如，挠痒痒可以明白的告诉别人哪里痒，而拍马屁，却不能明白的告诉人拍哪，怎么拍，全在于拍马屁者自己的领悟和感觉，所以，拍人马屁的技术要比挠痒痒难度大得多，风险性也大得多。

以语言、表情及动作取悦于别人的行为，就是拍马屁。拍马屁的入门功夫是观察要拍之人心中的痒处。这种观察需要相当的社会经验以及对人情世故的熟练掌握，过去说“人情练达即文章”，恐怕就是这个意思。如何将拍的轻重拿捏得恰如其分，这些才是最能显示马屁功夫的所在。拍对了地方，被拍之人舒服，乐得笑呵呵，合不拢嘴，比如说红楼梦中王熙凤常拍贾母的马屁，不说贾母德高望重见识高远，专从贾母头上的小坑拍，就弄得贾母笑逐颜开。而一般无知之徒，只捡被拍者最有成就的地方下手，往往效果不显，事倍功半，并且拍的

痕迹也太重，让别人一望而知，目的就更达不到了，弄不好还被“踢一脚”。在企业中如果遇到马屁精，无论他的水平高与低都应该保持自己的头脑清醒，拍马屁的人一定是要得到企业的什么好处，所以一定要清醒地认识自己的优缺点，不让拍马屁的人得逞，使拍马屁成为企业的风气。不必要正面反驳，有句话“伸手不打笑脸人”，最好的办法就是远离。

小马虽然工作在名企，但出身并不是名牌大学。虽说企业里的人才济济，但他到工作不到两年，就做了财务部的经理。很多人对小马“坐直升机”式的升迁百思不得其解。同事们很纳闷，认为他虽然对工作认真，对老板忠心，但业绩平平，而且性格内向，不善言辞，并不善于见风使舵，也没有什么过硬的关系做后盾，更从不参与拉帮结派。如此一个表现平平的年轻人，实在是没有理由得到老板的如此器重。事后终于有人得知：小马毕业后应聘到集团总部的财务部，既缺乏实际工作经验，又因为性格等种种原因而不被主管看重。但小马却是个真正敬业爱业的年轻人，为了尽快熟悉业务，单身的他经常加班到深夜。集团公司老板李杨有个习惯，就是在空闲时喜欢到各部门看看。这天，已经很晚了，而小马仍在办公室里学习软件的使用。李总走近一看发现了一张相框里的照片，照片上就是李总和他的合影！可再仔细看，是电脑合成的。面对李总不解的目光，小马解释说很自豪能够成为本公司的员工，就连父母都为自己感到骄傲，非常想和李总合影，但觉得这是奢望，于是就……在询问了小马一些简单情况后，李总把那张合影又端详了一下，离开了。此后不久，李总就指示财务部负责人抽调小马到一个子公司做财务主管。小马自然不会错过这样一个既能够锻炼自己，又能积累经验的绝好机会。当然他也不放过每一个回总部向李总汇报工作情况的机会。就这样，步步为营，加上勤奋，在李总的直接提携下，小马成了财务部的经理。

小马是一个有心青年，他虽然不善于在领导面前表现，但却是个从心底里热爱本职工作的人，他的升职也是老天有眼，这个“马屁”拍得正是时候，也正和领导的意思，新颖独特，老板的一个细小决定就能改变一个人的命运，可见拍马屁的力量！在生活中，被人拍马屁既是一种精神享受，对拍者来说就能转变成物质财富，这些财富也许不是光明正大得来的，所以要树立新思想，以讨好人为耻，以拍马屁为耻，保持良好社会风气。

搞掂真经

拍马屁的现象普遍存在，但拍马是为了骑马。作为企业领导要警惕那些花样百出的拍马术，不然，你就被人骑上了，结果是企业利益受损。

切勿对小报告感兴趣

打小报告好像有点像小学生的游戏，学生在老师面前说同学的不是，老师就会表扬这位同学，教育那位同学。面对政府官员的腐败问题。这打“小报告”的作用就更大了。面对上级的腐败，也有必要向自己上级的上级打小报告。王宝山、陈希同之流的大贪官的产生就是一开始有太多的人去阿谀奉承，或同流合污，或听之任之，没有人敢于去打“小报告”的结果，直到后来有了小报告才东窗事发，被检查机关提起诉讼的。从这两点看，小报告的作用非常大，而且好像后果不太恶劣。请注意，我们这里谈到的是学校里和官府里的小报告,工作上的小报告可就没这么简单了,要具体分析。

职场中的小报告多与利益有关,或无中生有,或添油加醋,或用幸灾乐祸的心态去给人打小报告。比如有人看到原来和自己平起平坐的同事升官了,嫉妒,打个小报告,无中生有的说别人的不是,这种小报告和诽谤差不多,是可恶的小报告。另外,也有些小报告是打给领导听的,如果领导是一个实事求是,能够秉公办事的人,这种小报告就起不到多大作用。但如果领导是一个黑白不分、易听信他人的人,小报告就会对被诬陷者造成伤害。在一个集体中工作,难免会有得罪他人之处,如果被你得罪的人是“小人”之辈,将是一件令人头疼的事。所以作为企业的领导必须明辨是非,对小报告的内容进行调查,如果真有此事,对企业构成威胁,就应该及时出面干预,但如果小报告的内容纯属子虚乌有,造谣生事的话,一定切记,勿对小报告感兴趣,不要给小人可乘之机。

唐朝武则天时期,连年灾荒,民不聊生,于是武则天下了一道圣旨,官员一律不得在家宰杀牛羊,与百姓同甘共苦。一日,一官员晚年得子,就忍不住宰杀了一只羊,请朋友吃了一顿饭。不料却被请去的一位官员心生妒忌,于是就上奏了武则天,说他违反规定,藐视皇上。结果却出乎他的意料,在朝廷上,武则天说:“办喜事和丧事是可以宰杀牛羊的,我不怪那位宰羊的官员,而要处罚你这个打小报告的。”众官员很高兴,对那位打小报告的官员议论纷纷,弄得那打小报告的官员无地自容。

强刚进厂时,不懂世事,但却非常反感“他人背后说长短”的行为。营销部长老丘和生产部长老袁竞争副厂长的位置,车间大江工作时间在休息室吸烟,被老丘看到了,于是第二天大江就被老板在会上点名批评，气得大江牙根都疼。听说老丘把每个同事的情况都报告过领导，大家都很不喜欢他。强私下向生产部长老袁抱怨，希望借他的口，给老丘点儿颜色看看。老袁听了他的话，说："他们营销部也有难处。"他从不向老板打别人的小报告。时间长了，强有点沮丧，觉得老袁很窝囊。但他却说："老丘虽然搞营销，但他不懂技术，心里没底，才会打小报告，我怎么能像他那样没出息。"老袁的一番话，让他暗暗佩服，同时越发觉得在生产部工作前途光明。因营销部进的一批漆质量不合格，生产出的产品被退货。老板震怒，表示要追究责任。退货的事，是强和老袁处理的。回来后，他将情况向厂长汇报。厂长说："营销部不只是这一批漆的问题，你把情况都统计出来，我彻底查一下。"看来老丘以前的小报告没有掩盖住自身的毛病，一点作用都没起。

打小报告的人，也许一时能够掩盖住自己的缺点，但掩盖不了一世，领导处理完小报告的情况后也会对你的人品进行打分。即使你的小报告内容属实，也会考虑你为什么放下自己手中的工作不干而对别人的事情这样感兴趣呢？这是好的结果。如果你的小报告纯属子虚乌有，你的灭亡速度就会更快，文中的老丘就是一个很好的例子。

搞掂真经

企业领导对"小报告"就应具体分析，如果是善意真实的，就及时处理；如果是无事生非，恶意诽谤，就应批评教育。

给员工处理问题的空间

给员工处理问题的空间，适当授权。如果凡事都找领导，领导一定忙得不亦乐乎。最终的结果是公司上下的问题都交给领导者一个人去处理，那这样的领导者还有时间去做公司的具体规划和战略目标吗？国外的管理者一般都很清闲，有时间就去打高尔夫球，或跟别的公司领导在一起谈生意，这在国人的眼里是很不解的。其实很简单，公司里的事情，各个部门的负责人和员工都会做得很完美，老板完全可以在家喝咖啡，不会像国内的管理者一样每天累得焦头烂额。管理者必须要克服因怕员工犯错误而不敢赋予权力的顾虑，给他们自由定夺的空间。选对人员并大胆地赋予权力，才是解决之道。

企业文化的建立和形成不是一个人能一蹴而就的，需要企业每个成员的努力。例如，某公司的一个业务员，为了及时拿到定单，破坏了公司出差只能坐火车的规矩，乘飞机南下广州签到定单。由于他拿到了定单，老板反而皆大欢喜。反过来想，倘若他没有拿到定单，老板会怎样处理呢？不是说员工都可以不遵守规定，但必须明确的是，规章制度是为企业的利益服务的。给人权力就意味着在后面支持他。所以那位销售员的行为是应该支持的。

要想建立一个在快速变化的环境中能够快速反应的组织，需要一定的决策权，这个决策权不仅必须掌握在经理人手中，同时也必须掌握在员工手中。一个事业的组织越庞大，授权机制就越重要。因为各人有各人的工作职责及工作职权，充分的授权使每一个成员都感觉到自己能够独立判断，对自己的工作负责，而绝不是任人指使。但在下放权力的同时，管理者也要注意在扩大自主权与加强控制之间取得平衡，既能使员工打破陈规陋习，把自己的才能最大限度地发挥出来，同时又能体会到企业的信赖与大胆任用，使员工都能尽自己最大努力，自觉效劳企业。

大陆航空公司在给予员工处理问题空间方面也探索了很长一段时间。他们发现在陈旧的管理模式之下，不利于公司员工在各方面发挥才干，于是成立了一个委员会，负责组织和重新编写新的员工指导方针。但是，在履行职责的整个过程中，公司要求他们去开动脑筋，发挥积极性。比如，指导方针规定，如果乘客持的是赠票或特价票，员工应该在航班发生变动的情况下设法让他们乘坐本公司的下一个班次。这就应该自己开动脑筋，尽力把问题处理得最妥善。也就是说，对乘客、对公司都要做到尽善尽美，而不能只顾及单方利益。员工们都会用钱去解决——向乘客白送机票。大陆航空公司还制定了各种各样的表格，当员工发现自己的工作被这样一步步地分解开来，并且明白每做一步就得做好以后，要完成工作就轻松多了。当然，这一做好的关键是，把工作分解开来的每个步骤的确是能有效的，而且是以员工认可的方式确定的。在航班时刻、机票价格或者维修项目方面，那些将要做这些工作的员工已经明白他们要做的什么工作，无论是3小时飞完休斯顿至迈阿密之间的航程，还是在规定时间内完成某项机器的维修工作。在贝休恩的努力下，员工们真正明白了一览表背后所包含的目标：把乘客安全、准时地送到目的地，当然还要包括他的行李。这样一来，管理层现在基本上没有什么发挥的空间，员工已经可以自行处理问题了，此后再也没有出现员工解决不了的问题。

可以看出大陆航空公司在发挥员工积极性的时候，用了经过多次实验才最后确定了给予员工充分考虑问题的空间的方法进行管理，这一方法无疑是最有效的。制定一系列表格，进一步明确员工的工作职责，管理层就可以抽出时间制定适合企业发展的下一步规划，节省了大量人力物力资本。

搞掂真经

给员工处理问题的空间，使员工各尽其职，各展其能，这是培养、发现和选拔人才的重要举措。

兼听则明，偏听则暗

“兼听则明，偏听则暗”最早出现在《新唐书·魏征传》一书中，这个成语有一则小故事：唐太宗时期，任谏议大夫的魏征，学识渊博，并且敢于向皇帝直言劝谏和提出各种建议，在朝廷中威信很高，唐太宗对他也很尊重。有一次，唐太宗问他：“为君何道而明？何失而暗？”魏征回答说：“君所以明，兼听也；所以暗，偏信也。”而在《资治通鉴》中，写得更简洁，说魏征当时回答唐太宗道：“兼听则明，偏信则暗”，并以古代的尧、舜为例来加以说明。这句成语告诉人们，只听某一方面的意见往往是不全面的，要各方面的意见都听才能全面，才能得出正确的结论。在今天兼听则明，偏听则暗，早已被人们用更通俗易懂的词语代替了，“不听一面之辞”，“广开言路”，等等。企业在发展过程中需要各个方面人才的献计献策，集体的智慧结晶。有一句话：三个臭皮匠，顶一个诸葛亮。要是企业在发展过程之中只听一面之词，或者听信小人谗言都是非常危险的，会导致企业向一个方向偏颇，不能自拔。应该抛弃狭隘自私的个人偏见，广开言路，适时做出对事物的判断。

在职场中，要做到兼听则明，偏听则暗非常不容易，需要企业管理者有宽广的胸怀，能够不带偏见地爱惜人才，虚心听取意见建议的勇气和气魄。为了企业的发展，即使有些人才对自己有不尊敬的言语和举动，都要以大局为重，只要他的建议是合理有效，独出心裁又合乎客观逻辑的。在企业收集人才谋略和建议的同时，应耐心听取，不能自命清高，听取建议的同时还应该具体问题具体分析，对每一条建议的合理之处和不足之处，权衡利弊，做出对企业有利的决策。在面对明显具有攻击性的不利言论时，应把握好心灵天平的尺度，不能听信狭隘自私的建议，久而久之那些不利言论就会不攻自破，再也不敢前来搅局了。最后，应给予提出建设性意见的人才适当的奖励，精神上的荣誉自然不用说，物质奖励也不能少。中国自古以来崇尚礼尚往来，如果觉得人才适合企业的某个职位，可以留在身边重用，既然他能提出某方面的合理建议，就一定会在这方面有所研究，重用他更利于企业的发展。

纪女士是一个工作八年的白领，她把一个女人最美好的时光都献给了企业，然而她的一副直肠子竟然让她丢了工作。就在前几天，在聊天中纪女士无意间的一个玩笑就得罪了经理的助理。这个经理助理哪里长的都很好，就是个子稍微矮了一些，纪女士说："你的个子这么矮，还和领导一起出去，让客户以为咱们公司都像你这样呢！"说完哈哈大笑，其他的同事也跟着笑了起来，这个经理助理很尴尬，但还是笑呵呵地说："那下次就你去陪客户吧！"说完转身就走了，大家都没在意。在之后的几天里，纪女士的工作就有了些变化。经理对她的工作总是横挑鼻子竖挑眼的，还经常当着其他同事的面批评她这里干得不好，那里怎么也会出错之类的。大家都很奇怪，不知道是什么原因，纪女士是公司里工作时间最长的员工，和经理共同经历了公司最困难的时刻，感情也很深，为什么会出现这样的事情呢？后来还是一位同事说："是不是你上次笑话他的助理，助理在背后捅你了啊？"这么一提大家都觉得有道理，越想越是他。因为经理也是一个个子不高的人，所以他才会选择了一位和他差不多高的人当助理，他们一起同出同进的也协调，经理也觉得是个安慰。大家都很吃惊，原来经理是个这么小气的人，以后一定要注意了。可纪女士越想越觉得不舒服，不就是一句玩笑吗？至于吗？八年的工作经验，对于各项工作，她都是手到擒来，可偏偏被后辈打倒了。一个年轻助手竟然在老板面前告她的状。她平时心直口快，从不在助手面前忌讳什么，没有想到却对她如此冷酷，听信小人，完全不顾她多年来为公司所做的一切，她现在觉得人情太淡薄了，决定辞职了。

纪女士是一个非常不幸的人，她在努力工作的同时没有考虑到在与同事的交往中需要避讳的东西。但他的经理更是一个不太英明的领导，只听一面之辞，就把原则和立场抛之脑后，更是对纪女士工作能力和人格的任意践踏。在企业中领导面对员工意见的时候，应该全面分析信息的可能性，更要多向其他员工调查。听取多方意见，再下结论也不迟。

搞掂真经

企业无论在管理还是生产中，都会出现各种意见，应对这些意见加以归纳分析，吸收合理的成分。

如何考核员工

企业对员工进行考核是员工可以准确得知员工的能力水平。没有好的考评手段和方法，是无法判断员工成绩的优劣高低的。员工的工作表现不能单从感觉上加以评判，否则就会遇到许多麻烦，使得员工们丧失对企业的信心，同时也会削弱管理者的威信，使以后的工作变得困难起来。没有准确而公正的考评，批评和表扬就失去了基础，更不用说对员工进行正常的管理了。

为保证个人绩效目标设置的合理有效，要保证主管制订，员工参与，双方确认。提出对员工岗位职责任务的要求，完成组织目标向个人绩效目标的传承，同时，对于个人关键业绩指标的确定过程应由主管具体负责，员工共同参与，双方共同完成。共同设定他们的目标，共享努力后的回报。

设定了绩效考评目标之后，就要确定评价绩效目标达成的标准。没有明确标准的目标不是真正意义上的绩效考评目标，真正意义上的绩效考评目标必须是具体的、量化的、可达到的、相关的、有时限的。

考核标准的设定还应分出层次。可以将标准分为优秀、良好、合格、需改进和不合格五个水平等级。将合格作为绩效考核的基准水平，它的作用在于判断被考核者的绩效是否能够满足基本的要求。

在进行考核时，首先要求员工对工作进行自评，后由主管对照与员工共同确定的绩效目标和绩效标准对员工进行评价。汇总检查员工的相关绩效数据是否准确、完整，如发现有不符的数据还应加以证实，或把通过另一种渠道收集的数据进行对比，以判断原始信息的可信度。在确认数据充分且没有错误后，才可以依据这些数据对员工绩效完成情况进行评价。常见的评价方式包括：工作标准法、叙述评价法、量表评测法、每日记录法、关键事件记录评价法、目标管理法、强制比例分布法、配对比较法等。以上方法在具体操作过程中往往不仅可以单独使用，也可以混合使用。

就考核结果双方进行沟通，达成绩效考核结果意见的共识，员工

对于自己的考核结果表示认可后签字确认。通常,反馈应该关注于具体工作行为;根据客观数据,而不是主观猜测或推断。总之,要认真对待反馈,才能得到真实的工作分析。

广东某电子集团推行绩效管理体系以来,效果一直不理想,特别是在确定绩效指标的考核方法时更难。和部门经理确定绩效指标的考核方法时,几乎没有一个经理愿意用非此即彼法的,总是想用说明法、加减分法和等级评价法,有些指标非常明显,该用A考核方法,但他们就是不同意,非要选择对他们有利的B方法或C方法不可。为什么呢?因为即使是同样的结果,采用B方法和C方法,他们能得到更高的分数。为了这个事情,企业非常烦恼,一些比较认真的也开始投诉了,说现在的绩效考核不公平,那些不努力的人反而比努力的人得到更多的奖金。经理也开始反思,最后他认识到这个问题已经不是一个简单的绩效考核公平不公平的问题了,而是一个企业文化的问题——究竟推进绩效管理,是为了改进绩效,公平公正地激励绩优者,还是千方百计钻空子,期望得到更高的分数和奖金。管理部经理和人事部的经理为这个事情专门开过几次会,也单独和一些部门经理沟通过,希望能妥善解决这个问题。但这些部门经理这样说的:“你只知道考核,你知道吗?我少1分,就少400多块奖金,你来补给我吗?”经过反复磋商,企业明白了一个道理:没有健康的企业文化作为基础,推进绩效管理体系是很困难的。最终企业放弃了这样的考核方法,另外寻找新的适合企业的考核方式了。

企业认识到用考核来对员工的工作能力进行审核,是一个非常比较客观的方式,但是如何考核,什么样的标准才合适又成了一个难题,因此企业在考核之前应进行充分的、周密的筹划后再进行实施。

搞掂真经

考核员工是一项系统工程，只要企业重视对员工效绩的审核，就能够引起员工的关注，他们也会积极配合；如果考核准备不充分，考核标准不当和方法欠妥，反而会对员工产生消极影响。

以人为本，效益第一

全球知识经济为背景下的企业，智力资本也许已经处于企业的核心地位了，而这些智力不仅指智能型的机器设备，还应包括每个员工的智慧。事实证明，员工的智力是任何一款智能机器设备所不可比拟的。所以企业一定要重视员工的智力，重视以人才为核心的人力资源，做到以人为本。在企业内部建立充满凝聚力的团队，给员工温暖和关怀。同时还应该看到，这么做的目标只有一个，就是提高效益。

做到以人为本，效率第一。首先要树立正确的人才观。知识经济时代，人才是企业成功的重要资源。现代企业的竞争实质上是人才的竞争，人才是最为重要的资本。尊重知识、尊重人才，企业才能获得长久发展的动力。广泛挖掘各方面、各层次的人才资源，为人才的脱颖而出创造平等的竞争机会；谋求人才的科学组合，以发挥整体效能；鼓励人才的合理流动，以激发人的潜能，培养复合型人才，使企业充满生机与活力。

其次，要以现代企业管理为核心。企业的管理是人们的共同劳动顺利得以进行的先决条件，而以人为本强调了人在管理中的核心地

位及主导地位。人的因素是否活跃,直接关系到企业的生产经营状况和科技创新力度。

再次,企业要强化管理,实施人力资源战略。人才的培养和较高素质的职工队伍的形成对企业的发展起决定作用,人力资源的管理要求企业筹集或使用的人力资源的目标、行为素质与企业的今天和明天的事业发展需要相适应,既保证企业的发展,又使人得到满足和成长,它是一种由经理人控制的磋商机制。实施有效的人力资源战略也是现代企业共同追求的目的之一,服务于企业的总体目标和综合战略。

最后,以人为本还要以思想政治工作为基点。思想政治工作是通过各种教育指导企业员工的行为,以形成统一意志的共同理想和奋斗目标。思想政治工作在本质上是群众工作,是宣传、教育、引导群众的工作,它在发挥企业员工的主人翁地位、调动员工的主观能动性和创造方面的积极性。在思想上、政治上鼓励企业员工,充分重视与保护员工的精神财富这一无形资产,增强员工参与企业管理的意识,创造企业效益。

清华同方就是一个处处体现以人为本,效率第一的企业。首先,在员工中开展共同价值观教育。2000 年时,同方明确提出企业的发展目标:创建世界一流高科技企业,进入世界 500 强。并制定了有步骤的战略规划、经营策略和相应的管理制度和企业文化,在员工中广泛开展"如何创建世界一流"的专题讨论,鼓励员工发表见解,献计献策;第二,通过企业文化建设,促进共同价值观的形成。接受企业文化的培训,在同方文化中,非常强调"承担",也就是承担责任;第三,建立目标培养体系。清华同方以岗位责任为基础,建立起一套"目标培养体系",充分激发员工的学习热情和创新行为,促进持续的知识更新。利用清华大学丰富的教育资源,着重于对员工进行针对职位需求的能力培训，同时创造条件，鼓励员工完成各种在职继续教育。还与清华大学等高等院校合作，每年推荐一定名额的员工，进行深造培养。凡被推荐的员工由公司承担部分或全部费用，同时享受在职攻读的优惠条件。把一些从事管理工作的员工定期充实到第一线参与具体的生产、工程、市场管理，同时对新员工实行岗位导师培养制，并且在一线员工中有计划地推行轮岗制，这些措施构成了同方的一线实践培养模式。充分发挥舞台效应，提倡在合理的范围内采用高岗低聘的人才培养方式。此外，同方于近期在企业内部试行“同方职称”，与社会职称最显著的不同，是对能力、潜力的评价，大于对资历、学历的限制。在六年的实践探索中，同方的管理层深刻体会到，只有建立“以人为本，效率第一”的理念，才能真正有利于员工的发展，成为企业效益的保证。

现代企业管理，应立足于对企业每一位员工的能力发挥与评价，这才是“以人为本”的根本意义所在。当今社会已由工业社会进入飞速发展的信息社会，企业经营管理的目标在追求最大限度的利益的同时，更需要企业对包括社会、股东、从业人员、顾客等的各方面有最优化的关系，以人为本，实行“满意管理”，以适应愈来愈激烈的市场竞争；这同时也反映了人类社会的发展和文明的进步。

搞掂真经

以人为本，效益第一，要从企业开始选人、用人再到如何管理人、建立怎样的机制、创造什么样的发展环境方面考虑，这样做的目的就是实现企业的利润产值最大化。

竞争出效益

有竞争才有压力，有压力才会有动力，有动力才会有活力。企业引进竞争因素，培养员工的竞争意识，能有效地激励员工追求上进，激发他们的学习动力，而公司上下也将生机蓬勃，这是经营者做好管理工作的艺术，也是企业取得成功的关键。竞争与效益的关系是显而易见的，企业内部同一部门的员工需要进行竞争和比较，以促进部门的发展，还可以做到互相监督，共同进步。不同部门需要竞争，可以增强部门之间的团队精神，也是督促其他部门发现冗员的好机会。企业在行业内需要竞争，可以增强企业的抗风险能力，提高抵抗力，也是在激烈的市场竞争中找准企业的定位，激励企业前进的动力。

每个在商战中打拼的企业都希望自己能赶在别人前面，更快、更准地在第一时间发现并抓住新的契机，谁都知道“早起的鸟儿有食吃”这个道理。但是任何企业都有其成长的最佳速度，当企业发展过快时就会自动调整以适应企业的发展，对于企业的员工来说，更应该在协同企业发展的同时，规划自己的职业生涯。落后于企业的发展就会被淘汰，超过企业发展速度就会对复杂的企业管理系统产生颓丧情绪，甚至成为放弃行动的借口。适当的竞争机制可以让这些希望快速发展的员工得到成就感，释放与企业发展不协调产生的无力和颓丧情绪。

同样，每个员工都需要培养自己的竞争能力，使得自己变得不可替代，这也就成就了自己在这个企业里的地位。员工在竞争环境中的自我超越不会影响企业原有的良好管理秩序。员工在企业的竞争性学习氛围，比如：培训、比赛、娱乐等之中逐渐发现自己的优势，构建工作信心，培养工作激情，并能更好地将个人价值和企业价值结合起来。

本田公司的总裁本田宗一郎认为，本田公司要想提高企业的竞争力，必须让员工在企业内竞争起来。他找来了自己的得力助手宫泽，宫泽给本田讲了一个捕沙丁鱼的故事，挪威渔民出海捕捞沙丁鱼，如果抵港时鱼仍活着，卖价要比死鱼高出许多倍。因此，渔民们千方百计想办法让鱼活着返港。但种种努力都失败了。可是，有一艘鱼船却总能带着活鱼回到港内，船长因此收入丰厚，原来这艘船捕了沙丁鱼，在返港之前，每次都要在鱼槽里放一条鲶鱼。放鲶鱼有什么用呢？原来鲶鱼进入鱼槽后由于环境陌生，自然会四处游动，到处挑起摩擦，而大量沙丁鱼发现多了一个“异己分子”，自然也会紧张起来，并加速游动，这样一来，就一条条活蹦乱跳地回到了渔港。本田马上着手进行人事方面的改革。特别是销售部经理的观念就离公司的精神相距太远，于是把年仅35岁的武太郎挖了过来。武太郎接任本田公司销售部经理之后，首先制订了本田公司的营销法则，对原有市场进行分类研究，制定了开拓新市场的详细计划和明确的奖惩办法，并把销售部的组织结构进行了调整，使其符合现代市场的要求。上任一段时间后，武太郎凭着自己丰富的市场营销经验和过人的学识，以及惊人的毅力和工作热情，受到了销售部全体员工的好评，员工的工作热情被极大地调动起来，活力大为增强。公司的销售出现了转机，月销售额直线上升，公司在欧美及亚洲市场的知名度不断提高。

本田听完了宫泽的故事，豁然开朗，其实人也一样，一个公司如果人员长期固定不变，就会缺乏新鲜感和活力，容易养成惰性，缺乏竞争力。只有存在压力和竞争气氛，员工才会有紧迫感，才能激发进

取心，企业才有活力。于是通过企业改革，提高了竞争意识，并取得了好的效果。

搞掂真经

竞争，这是企业在发展中不可或缺的激励因素，只有在内部引入竞争机制，企业在激烈的市场竞争中才能立于不败之地。

第七章　明天的列车由你来开

在这一章里，我们主要讲述，如何面对与培养中层员工问题。企业的中层是承上启下的桥梁，他们之中的一些人也将有可能晋升，成为企业的高级决策者。在面对他们大显身手，才智出众，甚至和你的水平相匹时，你应大度地说：明天的列车由你来开。

培植得力助手

在众人眼中，助手就是老板的一个勤杂工，每天为老板安排好一天的工作内容后还得整理当天的资料，对企业也要了如指掌，不然怎么能为老板解忧呢？于是细心，敏感，勤劳等等的词语就会成为助手的代名词了。当助手的工作虽然很平凡，但每天与老板接触最多，与老板同出同进，经常会得到其他员工的羡慕，因此也是很多人心中的理想职位。可常言说得好“伴君如伴虎”，这表面的光彩之后的辛酸和委屈又有谁能真正体会得到呢？一个企业的高层领导有几个能从助手的角度考虑过问题呢？难道只是一味地要求他们做好日常的工作安排，遇到难题能安慰一下吗？我们经常可以看到有些助手不能忍受老板的脾气而辞职走人的，另一方面也有企业在抱怨为找不到合适的助手而发愁。因此培养得力助手就显得尤为重要了。

培养得力助手从培养助手的品质人手。助手并不是一个只会抄抄写写的文书，更不只是处理日常杂务的勤务员。一个好的助手应具有接待、沟通、谈判、公文、函电、市场策划、形象设计、公共关系和网络开发等方面的工作能力，和秘书的工作相关。其次，更要培养助手的管理能力。有人说女性比男性更适合当助手，因为女性一般性格比较细腻、温柔，善于沟通，这些都属于较好的特质。另外也应看到，管理能力和工作经验也是很宝贵的东西。当老板不在时能暂时把握大局，充当临时的管理者。工作的时间越长，积累的经验也就越多。这是欧美公司的老板喜欢用年纪大助手的原因。再次，还要培养助手的形象气质。作为老板的助手，在公司外部，代表的就是企业的形象，助手的气质和形象应与所在企业的形象相匹配。总的来说，助手风度形象要好，着装要得体，文化修养等也要和企业相吻合。最后还要培养助手的管家能力。要保证老板有足够的时间和精力来处理公司的一些战略问题或核心问题，助手有一项重要的日常工作，就是像块纱布一样过滤一些电话、客人或文件。给领导挡驾千万不能掉以轻心。挡错了，肯定要挨骂，不挡，更要挨骂。比方，有些客人虽没有提前约好，但可能他要谈的事很重要。因此助手要首先问清楚客人的身份、来访的目的，从而进行判断，再考虑是否报告老板。

有一天，晋国派了一位使者到齐国。负责的官员问齐桓公："陛下，要怎么款待这位使者呢？"齐桓公只说了一句话："去问管仲吧，他完全能处理好这件事情的。"过了几天又有一位官员向他请教其他的政务，齐桓公又说："还是去问管仲吧！他应该去管理这样的事务，这是他的职责。"这位官员也因此而被赶走，宫中的小丑笑着对齐桓公说："什么事情都去问管仲就能解决的话，那做君主的人不是太享受了吗？"齐桓公回答说："你这个小人物懂什么，居上位的人那么辛苦地寻找人才，就是希望得到人才而用之，有了事情当然要他处理了，这也是培养和锻炼他的好机会。如果一个君主忘了培植人才成为自己的助手，只会一个人拼命地努力工作，什么全靠自己，好不容易发掘了人才，但不去用，久而久之他也无意做事了。所以寡人发现管仲这个人才以后，力求培养成为得力的助手，把齐国交给他治理，寡人就用不着那么辛苦了。"不久之后，齐桓公即成为春秋五霸之一。

管仲是一个非常适合做助手工作的人，工作能力强，思路清晰，有条理。但无论他多么有才华，如果没有齐桓公的栽培和重用也是没有施展的机会。一个企业要善于发现适合做助手的人才，更要重点培养，适当的时候可以让他们承担一些具有挑战性的工作，更利于他们的成长，也是作为助手能力提高，肩负更大使命的好机会。老板也可以不必事事亲自去做的，只要能及时督促、提醒就可以了。

搞掂真经

培植得力的助手至关重要，他或他们是你事业成功的助力器，但应同时想到，助手也是实实在在的人，应该充分尊重和理解他们。

对助手礼遇有加

在员工的眼中，所谓助手就是指在老板身边工作，与老板关系最为密切的人。助手对老板的决策、用人及其他问题的看法都会产生重要的影响，而且这种影响在许多时候可能会是决定性的，因此也是一个很了不起的人物；助手会觉得，与老板保持这么密切的关系，有这个便利条件，只要在工作上尽力，加薪提升就指日可待了；而老板却这样看待身边的助手，虽然知道助手的工作很繁琐庞杂，但还有些地方需要改进。尤其是在谈判棘手不顺利的情况下，回来只能向助手撒气，挑剔他这点做得不好，管理方面的能力也没有，英语也不怎么样等等，从而忽略了助手的长处，结果心情更加烦躁，也令你的助手头疼。他也不知道自己哪里做错了，就不停地检讨，于是就处处小心谨慎。久而久之，本身具有的创新能力也随之消失了，老板就会更觉得你的能力有问题，如此恶性循环，往往导致大家不欢而散。那么，作为企业老板怎样才能避免出现这样的结果呢？

首先,要懂得“助手的活不是好干的活儿”。你可曾知道,你一时的情绪会给助手带来什么样的感受吗?在多数时候,你凌驾于他之上,他即使有再多的嘴,也不会辩解,只能等你发完脾气后再说,但他心里是非常难受的,如同陷入水深火热之中。

其次,要明确助手的工作内容。作为一名优秀的企业领导人,工作能力一定非常强,但你的助手肯定不会像你一样出色,他的工作就是辅佐你,帮你处理日常事务,他也肯定不是某领域里的专家,不要吹毛求疵,求全责备,对助手期望过高。

第三,用渗透情感的言辞鼓励助手。这样的言辞也被称为“甜点”。你对助手的关心与问寒问暖也一定不会离开工作目的,希望他是一颗永不生锈的螺丝钉。说一些“这里的一切全交给你了!”“我最信赖你!”之类的话,很大程度上是对他工作积极性的勉励。

以上就是企业领导如何对待助手的小提示,归根结底一句话:对助手礼遇有加。

小李是进入公司不久的新人,由于工作绩效出色,倍受老板赏识和同事们的支持。在一次与老板的谈话中,老板意味深长地说:“你的工作表现,企业都看在眼里,只要你好好干,一定不会亏待你的。”另外,还对小李的家境情况做了一下了解,得知他的家在很远的山区时,还批准他以后年节可以提前回家。小李非常激动,把老板说的话都记在心里了。此后,他不仅在工作中投入了忘我的热情和精力,而且还经常向老板汇报企业的情况,事无巨细,面面俱到。时间长了,小李发现自己的能力在不知不觉中提高了很多,同事也发现了小李现在已经不是当初什么都不懂的小男孩了。老板也看在眼里,于是给小李提了职,兑现了自己的承诺。

经理助理小维站起身,走出了经理的办公室。坐在会议桌正前方

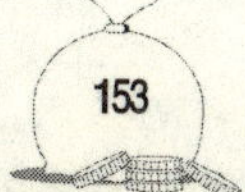

的老板，看着他的背影，嚷道："你出去，就不要回来！"小维关上门，没有回头，老板也没有挽留他。小维心灰意冷，跟了老板多年，此刻竟薄如一纸，禁不起这么点口水之争。这也许只是一场无法预料的擦枪走火，小维虽然是老板身边不可或缺的人物，但他深知，这种场面的发生，再坚定的关系也经不起折腾。古人云："伴君如伴虎"，职场里的上下级关系，其实就是最好的写照。

小王是公司的销售主管，在一次随老板出差的时候，老板信任地对他说："这里的一切全交给你了！我最信赖你！"在老板离开后的第三天，客户打来电话，反映同类产品现在开始促销，并咨询该公司的产品是否也有相关的优惠活动。小王突然想起来，老板离开前他曾经申请过相关事情，也提交了报告，老板做了口头批示，但未做详细的布置和工作安排。本想不管与自己职务无关的事情，但小王耳边又响起了老板慈祥的话语和礼貌的态度，决定一定要帮助老板一把，于是实施了促销方案。老板回来后，重重表扬了小王。

三个小故事，三个不同的精彩职场情景，把老板和助手的关系可能发生的情况都一一呈现在大家眼前。老板三种不同态度导致的结果也是不一样的。所以在职场中，老板对助手的工作要在立场明确的同时，对助手的人品以及人格要充分地尊重和理解，礼遇有加。

搞掂真经

对助手尊重和理解，是对他人格和能力的肯定，而不是把你的位置和权力交给他，不是你不在时就要大家把他当成老板一样，让他自作主张。

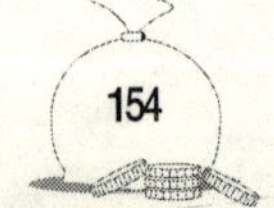

建立高素质中层

企业的中层队伍是提升管理效率的最重要组成部分，也是每一个优秀企业不可或缺的人力资源。高素质中层更是企业的中流砥柱，所以大多数企业的高层领导人士都非常重视对中层管理队伍的培养。一个优秀的中层队伍的业务知识应包括销售技巧、管理知识和技能、团队建设、谈判技巧、对企业文化的理解、敬业精神、诚信问题等。中层管理干部针对日常管理提出有针对性的建议并把存在的问题进行解剖,靠近企业实战要求,其现场管理水平和服务质量的高低也直接影响着企业管理的效率和竞争力。因此建立高素质的中层就显得尤为重要。

企业高层对中层管理人员的素质都寄予厚望，希望中层的实际能力能够不断提升,培训就是一个不错的提高素质的方式。培训着重从 "提高管理技能","解决工作中的问题","更新观念","提高业绩","增强企业凝聚力","员工职业发展"等方面开展,注重实用性和功利性。使得中层管理人员当中在面对市场和机会的时候有的放矢。中层队伍在企业内部起着承上启下的作用,代表公司的未来。因此除了基本的技能外,更要注重的就是在人格修养方面的培养。培养中层的人格修养可从三个方面入手。"智"者,理性也。思考要理性、行为要理性。战略决策建立在理性的基础上,中层作为一线的决策者,要用数据说话,理性地分析,不能感性用事。战术上培养中层有所作为,认准哪块市场是全力进攻的市场,是要放较大的资源去抢夺的;哪块市场是策应市场。在产品上,培养中层识别哪些产品是利润,哪些产品是做"溢值",可以用来打仗。"达"者,豁达,心胸宽广也。既是选拔人才的一个标准,又是培养人才的一个方向。需要培养中层有一个豁达的心胸。领导要的是结果，对于下达的硬性指标，作为中层干部，任何情况下对上都没有辩解与讨价的可能，更多的是要理解；在下级面前，又要理解下级的工作过程，允许下级解释甚至适当地抱怨。"信"，诚信、信用也。是我们的立身之本。作为中层做事要落到实处，树立自身形象，自身形象的基石就是信用。

在拓展市场时，公司决定在当地设立办事处，不料却受到了经销商的反对。公司的市场负责人被赶出办公室，无法开展工作。于是公司决定派经理建禾去与其沟通，他们竟要用烟灰缸砸他。经理当时就想换经销商，可冷静下来想，为什么经销商会反对得这么激烈呢？经过调查发现，以前厂家在市场设立办事处时，不是帮助经销商做好销售、管理，而是在监视，或者为了眼前利益在当地市场多开几家，致使经销商非常反感，认为厂家的办事处都不干好事。知道这些后，经理方才释然。经过多次沟通，用自己的行动，证明了公司是干事的、是来帮他们的。于是办事处设立后，员工还被那里的经销商当成了自己的员工看，遇到困难的时候，也得到了鼎立支持，经理建禾也得到了公司的奖励。

NS 的麦克拉肯是公司的中层干部，他领导员工修复了 5 英里连接新奥尔良和 Slidell 的大桥铁轨的工作。没有这些铁轨，NS 就无法将产品从东岸运到西海岸。早在风暴到来前，麦克拉肯就带着他认为可能需要的修理设备来到了 Birmingham。然后带着大约百名员工前往 Slidell，移走了倒在路上的树木。他同 NS 的几十位工程师和三家桥梁公司交换了意见，并决定从湖中打捞这些铁轨。要是重建铁轨至少需要数周时间。他说："尽管以前从未做过，但这值得一试。"他召集了 300 多名工程师、机械操作员和其他工人，这些人睡在帐篷中，每天倒班工作。工人们一字排开了 8 台起重机，几个小时后吊出数英里长的铁轨，并在桥上连接好。当次日清晨火车通过新铺设的铁轨时，所有人都感到欣喜万分。麦克拉肯说，这是一项巨大的工程，需要用重型设备完成 400 多次动作。但最令他高兴的是同来自公司所有部门的人员一起通力合作，而且在没有任何人受伤的情况下如期安全完成了工作。

中层领导是一个承上启下，对公司的兴衰关系重大的人物，有时候在公司的危难时刻，就是他们承担起挽救公司的任务，就像在市场设立办事处的经理建禾和 NS 的麦克拉肯，他们的工作是一个高层接触不到的，更是一个普通员工的能力所不能及的，因此注重培养中层队伍的举措是多么有必要啊！

搞掂真经

企业的中层队伍如何是企业兴衰成败的关键因素之一，注重培养中层，建立高素质的中层，不仅是培养他们的工作和管理能力，还要培养他们的人格力量。

承上启下的中层

集体的力量永远大于个人的成功，企业如果一味地追求个人的成功而将下属变成自己成功的附属品，永远以别人的眼光来衡量这个集体中的每个人的情况，时而怀疑，时而戒备防范，主观意识过强，这些都是领导的禁区。真正的企业领导者是引导员工与企业保持一致，并做好上下级的沟通，尤其是对中层管理者的培养上，更是企业需要改进和加强的。中层管理者是沟通上下、联系左右的纽带；是服务基层、联系群众的桥梁；是企业对外交往的直接门面和窗口；是企业的中坚力量，承担着企业决策、战略的执行及基层管理与决策层的管理沟通。中层管理者综合协调作用发挥得如何，直接影响到企业的整体形象。中层管理者的作用与其说是在工作中发挥自己最佳的个体作用，不如说是通过领导艺术创造出理想的具有良性循环的系统功能。在这方面，中层领导的作用更类似于“执行导演”而不是“群众演员”。中层管理者作为领导班子系统功能的参与调控者，必须清醒地认识到，如果不能有效地运用自己的辅助地位，使全体成员扬长避短，创造出远远超过个体功能之和的良好系统功能，就不是一个成功的中层领导者。

中层管理者在承上启下的工作中要善于把握分管的工作，通过经常性的调查研究不断发现新问题，做到运筹帷幄，把要做的事情做到“点”子上。对具体的日常工作，要充分依靠中层干部去组织实施，依靠组织本部的员工进行创造性劳动取得成果是中层领导所具才能的最好证明。因此，作为中层领导应努力做到知人善任，而且更要做到用人不疑和充分依赖。信任可以使员工精神振奋，工作积极性高涨，这种信任度越高，使员工受到的激励作用越大，工作中的创造性就越强。中层管理者应注意为中层干部提供良好的人际环境与工作环境，走在普通员工的前列，使之充分施展才干。对于中层管理者，有职务自然就拥有权力。然而，仅职务和权力却不等于具备了领导者的威信。威信是领导者品德、知识、才能、感情等非权力因素的集合。作为中层管理者不能单纯靠权力来维护自己的核心地位，而要注意用较高的威信去增强自己的凝聚力，用自己高尚的品德和优良的作风去带领一班人。

下面的一个管理游戏可以恰如其分地体现出中层在管理工作

中的重要性。游戏是由两个小组组成的，从每个小组选出一个董事长、经理，其他的作为职员，并且大家都只能用纸条来传递信息，不能说话。董事长发号施令但不能亲自动手，也不能直接面对职员。经理的主要任务就是负责将董事长的指令传达给下面的职员，但不能发号施令。职员也只能按照董事长的要求做。当主持者说完规则后，仅将要解决的问卷分别发给两个小组的经理，没有任何提示。开始后，其中一个小组的经理迅速将问题传达给董事长，董事长想出办法后再提交给经理，由该经理传达给其下属来实施，职员在实施的过程中对发现的问题提出解决办法反馈给经理，经理则将意见传达给董事长。最后董事长发出正确的方法指令，把存在的问题解决掉。而另一个小组的经理则认为董事长知道问卷，一直等着董事长来下达指令。几分钟过后，董事长不耐烦了，就问经理怎么回事，怎么还不把问卷给我，职员在执行的过程中发现行不通后也没有及时反馈，而经理却在等待职员给出结果。如此这样下去，另一个小组早已经完成了任务，而他们这个小组还在原来的位置原地踏步。

企业的中层员工是承上启下的作用的，不可小视他的作用，如果方法和沟通不利会使得上下层断裂和隔离，成为企业走向灭亡的导火索。在现实的工作中，不可以让任何一个环节和层面出现断裂，保持企业的连贯和沟通才是一个完整的企业。

揭掂真经

要让中层员工做承上启下的桥梁，就不但要培养他们，还要树立他们的威信，而不是使他们做两面受气的夹板层和“猪八戒照镜子”似的尴尬人物。

对中层恩威并重

中层在企业中发挥的作用已经在前一小节里看到了，压力最大，任务最多，可能遇到员工不理解的情况也会最频繁，所以还要有良好的心理承受能力和健康的心态，能对上级意图和情况有准确把握和恰当的策略方法，有健康的人格，与上级建立良好的人际、工作关系，提升自己处理复杂问题的能力，出色地发挥中层管理岗位的职能与作用。可见中层是一个多么不容易做的职位啊！所以企业的高级管理人员要对中层队伍呵护有加，做到恩威并重。

做到对中层队伍的恩威并重，首先要树立自己在中层队伍中的威信，但应避免处处强调自己的地位，产生傲慢的心理。中层虽然在企业中的贡献极大，企业也充分重视中层的发展和培养，但毕竟企业还有更高级的管理人员，所以一定要在中层中树立威信，体现出一个最高决策者应有的气魄和大度。另外，要避免产生傲慢心理。一般而言，傲慢的高层人员工作能力也比较强，在工作上"有两把刷子"，在思想认识上也常有过人之处，因而便容易恃才傲物，恃能傲下，工作上事事亲历亲为，对人心存戒备，把下级不放在眼里，持否定心理，不支持、不合作地扮演"反对派"角色，或让下级难堪，以显示自己的权威和地位。长此下去，中层队伍就会有意无意地远离或减少与你的工作交流，搞得企业最后上下脱节。其次，对中层管理者施恩。给予中层慰问与关怀，适当放权或者物质奖励，使中层感到温暖和得到认可的勉励，会使他更加信任企业，并努力工作。同时也应注意杜绝那种做出贡献之后可以适当犯错误的心理，企业放权不是完全撒手不管，不是放任胡为。要坚持原则，端正心态，了解他们的性格和品质、工作作风、甚至生活习惯、工作历史等等，做到心中有数。避免过分夸奖后，忘乎所以，飘飘然做出违反法律和道德的事情，或与外界同流合污，欺上瞒下，把整个企业搞乱。

几天前，梅添置了一台新的电热水器，厂家是广东的一家知名企业。第二天，公司派了一位师傅小张来家里进行安装。因为电表的功率问题，从设计到安装，小张不辞辛苦跑了两趟，中途因堵车耽误了约定时间，他两次给她打电话，并发短信表示歉意。梅从头到尾对小张的服务赞赏有加，由衷地对他说，你们公司有你这样的员工真是幸运。小张说，他是公司里的小组长，更要带头好好干，这也是我们公司的规定。老板很威严，他的标准就是让顾客满意，不能有一点不完善的地方，要是谁有投诉的，月底的大会就会狠很地批评，尤其是批评组长，还要给予处分，可严格了！所以他要尽量辛苦些给大家带个好头，尽量不要在会上挨批评。梅说："那么严格啊，那你的老板也太厉害了吧？"他却说："老板人很好，他就是对工作要求我们特别严格，在生活上给予我们的照顾很体贴。上次我同事家的小孩不小心被开水烫伤了，住院要交一万元押金，同事没有向公司求援。可老板知道了这件事以后，了解那位同事工资不高，家里的情况也很艰苦，就主动提出亲自去医院看望，并带去了孩子住院的押金，提出提前支付工资用于押金垫付，让孩子及时地进行了手术才挽救了生命。老板说，那位同事的钱可以慢慢地还，安心工作，不要有心理压力。我们看到了都很感动，虽然说老板平时对我们很严厉，但都是为了工作，为了我们的服务让老百姓放心，所以我们要更加努力地工作。"听完他的话，梅感慨万千。广东这家企业的产品是很不错的，也非常重视顾客的满意度，这都是来自企业经营者恩威并重的领导方法。

这个热水器厂的服务一流，是基于企业对于员工的严格领导得来的,但企业在对员工严格要求的同时,更是对员工家人的健康给予关心和照顾,让员工感到为企业工作值得,这种对员工恩威并重的管理方式最能让员工产生信服,是最能留住和激励员工的。

搞掂真经

对中层既严格要求又关心体贴,即所谓恩威并重,是企业高层领导的工作艺术,这其中,掌握一个度是关键的问题。

重用核心员工

一般来说,企业核心员工是指那些拥有专门技术、掌握核心业务、控制关键资源、对企业会产生深远影响的人物。核心员工具务实、忠诚、积极的素质和有牺牲精神,有创造、发展企业的核心技术,能够建立和推动企业的技术和管理升级,扩大企业的市场占有率和提高企业的经济效益。企业核心员工虽然只占到企业总人数的五分之一到三分之一，但却集中了企业大部分或者全部比例的技术力量和管理资源,几乎可以创造企业的全部财富和利润,是企业的核心和代表,是企业的灵魂和骨干。正是基于上面的优势,近几年来核心员工也是企业纷纷追逐的对象，成为人才市场上的抢手货。所以企业的核心员工面对的诱惑系数是最高的,跳槽的可能性也最大。而一旦核心员工离开企业,给企业造成的损失往往难以估量。因此,企业应明确自己的核心员工有哪些,有针对性地培养和重用。

吸引和留住核心员工，首先要明确企业核心员工一般都为知识型员工，与普通员工相比，他们具有极其鲜明的个性特点，拥有相对独立的价值观。因此，重用核心员工是一个系统工程，既要从全方位考虑，又要“量体裁衣”地制定计划。

一、进行合理且富有弹性的员工价值定位。“以人为本”，把人才作为企业最重要的资源，给予一定的自由空间，使之得到能力的充分发挥和自我价值的实现，达到双赢。

二、提供多种升迁和培训的机会，创造员工成长和发展的空间。随着社会物质文化水平的提高，优厚的薪水已不再是企业调动核心员工积极性的唯一手段。关注核心员工的职业生涯发展，提供职业生涯机会的评估，制定具体的行动计划和措施，营造企业与员工共同成长的组织氛围，让核心员工对未来充满信心和希望。

三、建立动态的绩效评估体系，提供有竞争力的薪酬水平。核心员工一般都希望自己的能力能够得到充分的发挥，自己的工作能够得到企业的及时认可。同时，及时对核心员工的工作进行评价，吸引和留住核心员工，薪酬体系要解决内部的公平性和外部的竞争性，薪资与工作绩效和员工的贡献直接挂钩，要与绩效评估结果结合，薪资也应作为激励员工学习动机的重要手段，鼓励员工学习更多、更广、更深入的知识和技能，以应付知识经济时代的挑战。

四、培育独特的企业文化，营造和谐的团体氛围。企业文化建设是现代企业管理的一个重要内容，企业文化可以使员工确立共同的价值观念和行为准则，在企业内部形成强大的凝聚力和向心力，使员工产生一种自我约束和自我激励。培养核心员工的归属感，培养核心员工的成就感，让员工从自己的工作中得到满足感。

一个很有名气的饭店，成立了核心员工培训中心，全部费用由饭店承担。到现在，该培训中心已先后举办了很多届。但是，饭店花大本

钱培训的核心员工,在近两年频繁跳槽。第一届参加培训的人中只有四分之一还留在饭店,饭店管理者认为是偶然现象,第二、第三届培训后留下的核心员工就更少了。在问及离职原因时,他们说:最重要的是自身价值得不到体现和没有晋升的机会,得不到重用,待遇也很低。于是在工作中常常心不在焉,工作绩效下降,服务态度也差了。饭店现在已无心培训核心员工,害怕培训后仍然留不住,白白为他人做嫁衣。目前,员工服务水平与技能每况愈下,饭店口碑大不如前,致使核心人才流失更为严重,饭店经营已陷入危机。

首信集团副总裁李溶发现了一个现象,很多核心员工从首信离开后又回来了。他不解地说:“我们有一个核心员工,走了不到一年,后来给我打电话,问首信还需要我吗?公司确实有这方面的人才需要,对于这些离开又回来的人,我们依然很欢迎,依然能够得到重用。”摩托罗拉的赖炳荣先生,在核心员工离职后,仍然关心他的新工作的情况,调查离职原因。现任微软大中华区首席执行官、前摩托罗拉中国总裁陈永正,从美国贝尔试验室来到摩托罗拉,成为一名核心骨干。摩托罗拉非常重视对他的培养和重用,从一个部门的市场总监一直升到中国副总裁的位置。他后来辞职想去其他的领域发展,于是加盟21世纪通,担任了其香港地区和中国大陆的首席执行官。时任摩托罗拉中国总裁的赖炳荣先生经常和他保持电话联系。因此,在离开摩托罗拉一年半后,他又重新担任了摩托罗拉副总裁及中国公司总裁,摩托罗拉没有因为核心员工的离职就放弃重用他。

从上面的有名企业的返聘核心员工的例子里,我们不仅看到的是企业的宽容,也看到了企业对于人才、对于核心员工的渴望与核心员工对于企业的重要。一切要从企业利益出发,对待核心员工既尊重又理解，在他们回到原来的工作岗位后仍然能够得到重用，没有因为工作不踏实而另眼看待。

搞掂真经

企业重用骨干员工，是企业的人才战略之一，重用他们是为了企业的发展考虑，但同时也应考虑到他们的特长和发展方向，尊重和理解是很重要的。

巧用各类人才

企业在成长的过程中需要各种各样的人才，各类岗位需要各类的人才，企业在成长过程中的每个阶段需要的人才的类型也不尽相同，就是同一岗位也不需要同一类型的人才。不同性格和类型的人才在岗位上配合工作，更能达到“干活不累”的效果。各类人才在企业里组成了一个相互学习借鉴的大家庭，是推进企业前进发展的关键因素。企业对各类人才都需要重视，高科技人才、核心人才、敬业的人才等等，这些都是企业的骨干。在重视人才的同时还应该反思如何才能充分利用各类人才，放权、搭配组合、约束等手段，总之达到一个“巧”字。巧用各类人才，企业在面对各类人才时，应遵循人才队伍建设要统筹兼顾的实践方式。企业的各层次、各部门都有人才的需求，要实现不同层次、不同职业、不同年龄人才的协调发展。加强对企业的各类人才资源开发利用的宏观调控，调整和优化人才结构，促进人才在企业各个岗位的合理分布，是企业的责任也是企业的义务。

企业一共有多少类型的人才，这里无法统计，只能挑出几类企

业普遍存在的人才,做个参考。巧用技术人才,要做到刚柔相济,确保技术质量,让其在企业内发挥技术优势,并提供不定期的学习考察或者培训的机会,以打消技术熟练后的疲倦,注入新的活力,也可提出更高的要求;巧用管理人才,管理人才在企业的成长中起到至关重要的作用,可以保障企业的发展速度。给予管理人才适当的自由考量,决定对下级员工的奖惩,并适当采取措施。当然这需要管理人才的自律和责任心,做到这两点的有机结合,在企业的管理工作中一定会发挥出色;巧用业务人员,如今销售工作或者业务人才已经成为每个企业发展的不可或缺的人物了,管理到位,技术过硬如果没有活干,多巧的媳妇也难为无米之炊,所以业务人员的能力素质就显得尤为重要。对待业务人员要适当放宽企业的约束制度,但对其业绩质量要严格把关,绩效考量要设定标准,引进目标机制,对完不成任务者实行相应的制裁或惩戒,因为这关系一个企业的生死存亡。

有一个小和尚担任撞钟一职,半年下来,觉得无聊之极,做一天和尚撞一天钟而已。有一天,住持发现这个小和尚懒惰的表现,就宣布调他到后院劈柴挑水,住持还发现一个烧火的和尚非常善于语言表达,他虽然每天的工作只是和厨房打交道,但却把寺院里的关系搞得非常融洽,于是就派他到前院替前来烧香的人们解释签谜,于是烧火的和尚每天就不用这么辛苦了,敲钟的和尚就劈柴挑水去了。住持觉得:那个撞钟僧虽然能够做到准时、响亮,但钟声空泛,没有感召力。钟声是要唤醒沉迷的众生,他连自己都没有体悟到人生的真谛,沉迷度日,因此他敲的钟声也达不到唤醒民众的目的,让他去劈柴挑水,是去体会一下老百姓生活的艰苦和劳累,人生不都是那么的清闲和无聊。而那个烧火的和尚虽然工作辛苦但却德行很高,应该让他去做更重要的工作,也有利于寺院的名声，更有利于众僧修行能力的提高。

寺院里的住持能够发现小和尚们各自适合什么样的工作，适当安排相应的工作，也是一种巧用人才的表现。在企业管理中，针对不同的人才达到用人的巧字非常重要，恰到好处地用好人才，才能使工作做到位。

搞掂真经

人各有长，亦各有所短。巧用各类人才，是企业管理智慧的过人之处。用人不拘一格，才能实现企业发展的多元化。

制定合理的薪酬制度

一说起薪金，不管是员工也好，还是领导也好，都要将心比心，从对方的角度考虑问题。为什么会出现人员的过度流失？许多老板还觉得困惑，“我从自己兜里掏出来给员工的够多了，怎么就是留不住他呢？”薪酬是最让管理者头疼的一件事情，如何让员工从薪酬上得到最大的满意，已经成为现代企业不得不重视的问题了，那什么样的薪酬才是合理的呢？

给员工提供比同行业较高的薪酬，使他们一进入这个公司就很珍惜这份工作，竭尽全力，把自己的本领都使出来。支付较高工资的企业最能吸引并且留住人才，尤其是那些出类拔萃的员工。这对于行业内的领先公司，尤为重要。较高的报酬会带来更高的满意度，与之俱来的还有较低的离职率。一个结构合理、管理良好的绩效付酬制度，应能留住优秀的员工，淘汰表现较差的员工。

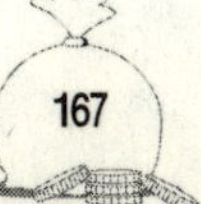

把员工能力与薪酬相联系，以员工的能力为基础确定其薪水，工资标准由技能最低直到最高划分出不同级别。当员工证明自己能够胜任更高一级工作时，他们所获的报酬也应顺理成章地提高。

企业在制订薪酬时要让员工参与进来。国外公司在这方面的实践结果表明：与没有员工参加制订的绩效付酬制度相比，让员工参与报酬制度的设计与管理常能令员工满意且能长期有效。员工对报酬制度设计与管理的更多参与，无疑有助于一个更适合员工需要和更符合实际的报酬制度的形成。在参与制度设计的过程中，针对报酬政策及目的进行沟通，促进管理者与员工之间的相互信任，能使带有缺陷的薪资系统变得更加合理、有效。

薪酬的等级和结构是不是越复杂越好。在进行薪金设计的时候，需要通盘考虑多方面的因素。包括外部的国家宏观经济、通货膨胀、行业特点和行业竞争、人才供应状况等；公司内部的盈利能力和支付能力、人员的素质要求；企业发展阶段、人才稀缺程度、招聘难度、公司的市场品牌和综合实力等。若把薪酬分成若干等级，就会加大各个部门的工作强度和难度，反而使原本非常简单的事情复杂化。薪酬结构的设计不能单纯地追求复杂化，而是强调有针对性地进行设计。需要考虑职位等级、员工技能和资历、员工绩效等。

美亚集团在扭转企业的经营状况过程中，决定进行薪酬制度再造企业的关键突破点。美亚通过两周的工作了解到，集团的下属子公司中，有地处内地的，也有设立在沿海发达地区的。于是在集团公司内部就存在三种工资制：在集团公司总部的员工及总部所在地子公司的员工沿用计划经济时代的行政级别工资制；外派员工在行政级别上加一部分驻外津贴；聘用员工则根据当地人力市场调节。但外派员工和聘用员工的薪资待遇，集团没有统一政策和方案。导致了员工的思想观念落后，平均主义盛行。公司薪金不公平，员工士气不振，关键人才流失，低效员工沉淀；薪金级别设置套用行政级别，岗位差异的弱化，关键岗位的重要性得不到突出，出现同酬不同工的现象。企业总裁的月收入是5000元，而分公司经理年均十多万；集团职能部门收入等级制度不健全，集团领导以非制度化的方法解决收入不平衡问题；技术人员的考核方法激励效果欠佳；集团职能部门的运行效率没有衡量标准；集团职能部门岗位及职责界定不健全等。于是根据这些情况进行调整，在薪酬设计时不再一味地强调复杂化，而是根据各个部门的具体情况，设计员工的薪酬制度。这一举措实施不到一年的时间，美亚集团的经济效益就已经大大改善了。

员工薪酬不仅是美亚集团这一家不合理，国内的许多企业在面临改革的时候都出现过不符合市场经济的现象。因此，如何发现这些问题的不合理，并及时调整是关键，只有员工的福利待遇均衡了，企业才能发展。

搞掂真经

制定合理的薪酬制度，是每一个企业至关重要的规章之一；只有员工对待遇基本认同了，才能调动和发挥他们的积极性和创造性。

权力下放，无为而治

老子曾有过"治大国如烹小鲜"的诗句，做大事要和做小事时的心态一样，没什么大不了的。表现出我国古代先贤在治国方略上看似

不经意,不用心,实则运筹帷幄、成竹在胸决胜于千里之外的大气魄。把权利下放到诸臣手中,给予臣子充分的信任和一定限度内的自由裁量权,而自己只要把握好大局就行,用仁德的修养和才能领导并感染臣子的办事态度和风格。

权利下放,无为而治,无论在古代和现代都是值得推崇的管理风格。因为有些时候事情会有什么样的发展并不尽如人愿。既然不能摆布成败,就应改变办事风格,不以成败论英雄,不钻牛角尖,不过分追究别人的过错和短处,而从自己的身上找原因。改变自己,锻炼自己成为德才兼备的高人,成为员工的榜样和坐标,效果一定比一味苛求员工到位。要想说服别人,必须自己先有说服别人的资格。

职场中的权利下放,无为而治,表现为企业的高级管理者把分量不等的权利和责任分摊到下一级管理者的肩上,让下一级管理者得到处理事务的权利,也承担一部分的义务。高级管理者还要适时给予鼓励,以利于工作顺利地开展。实施这一点还需要下一级管理者的大力配合才行,这种配合的理由来自对高级管理者办事风格和个人魅力的崇拜,所以高级管理者要注重锻炼自己在管理中的独特才华和办事能力以及谦虚谨慎的做人风格,才能使下一级管理者信服。如若不然,把自己手中的权利攥得紧紧的,事事亲历亲为,对谁都不信任,不肯给任何人权利,却要他们承担过分的责任,压榨与讥讽并用,定会弄得整个企业人心惶惶。“水能载舟,亦能覆舟”,最终的结果只能是所有人都放下肩上的担子,把企业的全部权利都交还于你,责任也一并还给你,企业毁于一旦得不偿失。所以企业要想有更好的发展,一定要认识到一个整体一个团队的力量,充分重视发挥各级人才的优势以及在团队中的作用,不可忽视任何员工哪怕微小的贡献,并充分给予肯定,才能做到让所有员工在各自的岗位上安心工作。

西汉开国功臣曹参曾担任前秦的沛县狱吏，后反秦有功，封为仅次于萧何的平阳侯，并接任齐国的相国。齐国拥有七十座城市，但当时社会经济一片破败凋敝，百姓穷困，国库空虚，人口锐减。曹参认识到让老百姓摆脱战争的苦难是头等大事，于是顺应民心，发展生产，立即把当地德高望重的长者和一批有才识的知识分子召来，虚心地向他们请教，如何来安抚百姓和治理好国家？大家的想法和提议众多，但多数不切实际。正当他犹豫不决的时候，有人告诉他，盖公擅长于研究道家黄老“无为而治”的学说，有治国的才能。曹参听说后，思贤若渴，立即派人带着厚礼恭敬地把盖公请来。盖公来了以后，曹参礼贤下士，亲自拜见，向盖公请教治世安民之道。盖公看曹参一片真心，就向他建议当前治理齐国应该采取清静无为的方法。盖公对曹参说：“只要上面的官府清静，不生事，不扰民，那么下面的老百姓自然生活就安定了。百姓安定后，社会经济随之就能得到恢复和发展，国家也就能治理好了。”曹参听了他的话以后非常高兴，决定把盖公留在齐国，并把自己住的正房让出来，请盖公住，以便随时为他出谋划策。曹参在齐国担任相国的九年中，按照黄老“无为而治”的办法制定各项政策，不准官员去打扰百姓，严惩做坏事祸害百姓的官员，起用一批老成持重又爱护民力的官员，使齐国经济很快得到恢复和发展。原来动荡不安的社会日趋稳定，百姓过上了比较安稳的日子，齐国人都称颂曹参是贤明的丞相。

盖公在治理国家中的无为而治，概括得比较笼统，未说明这种治理的方式是如何得到实施并得到百姓的爱戴，但在文中国家的安定和繁荣就是一个很好的证明。无为而治一直深受老子孟子等思想家的学术思想的影响，是我国古代比较推崇的治国方略，“贤明的管理者是不轻易发号施令的，发号施令的管理者似乎并不贤明”，因此，管理者要以“无为”的态度来处理事务，实行“不言”的教导。

搞掂真经

权力下放，无为而治。管理者以“无为”的态度处理事务，实行“不言”的教导，贤明的管理，感化同仁的心思，有时会收到奇效。

明察秋毫，掌控全局

明察秋毫这个词在古代常用于形容侦察工作，善于从细微处发现事情的真相，也用于上级监视下级的委婉托词。总之，给人的感觉是去探究不好的地方，所以才这么小心，明里暗里一点一滴都不放过。演变到今天很多词语都不那么偏激，更趋于中庸，明察秋毫既用于查明违反法规或者道德的蛛丝马迹，也在搜寻事情的真相，以便适度裁处。用在企业里更是一个企业管理人员调查员工情况的有利武器，不正面大张旗鼓地在企业里虚张声势，扰乱正常的工作秩序，其实这样的做法反而会加大对事情真相的查找难度。从平时的小事中寻找隐患的兆头，及时加以治理，杜绝更大的漏洞。对于察觉到好的地方，更要及时表扬，鼓励员工继续发扬，向好的方向引导，是企业的明智之举。从另一个角度分析，明察秋毫也是企业掌握大局的需要。企业有权利对企业的各个角落进行分析视察，发现问题并及时加以改正是企业的责任。作为一个企业领导如果对企业的情况知之甚少，对员工的工作以及生活不闻不问，而一味地烦恼，为什么企业效益上不去？为什么员工总背弃企业？头疼医头，脚疼医脚的治标不治本的方略是不能为企业带来任何好处的。

无论明察秋毫动机的好与坏，企业理应都要经常的走访，要掌握大局，必须要先了解情况，对企业的每一个角落都应熟悉，每一个岗位上员工的情况都需要了解。明察秋毫于不经意间去发现，如果措施不当，会给员工造成压力，也有损自己的形象，所以掌握好方法很重要。明察秋毫最好选在员工上班之前，更方便检查企业环境和设施的损坏程度或者有哪些地方不利于员工健康或者休闲等，见到或好或坏的地方及时通知相关部门，发扬或者治理。在员工的上班时间明察秋毫，应该是以体察员工的工作情况为目的的，在进到工区时要把握好声势，不能太过张扬，影响员工工作情绪，更不能蹑手蹑脚吓到员工，也许员工无意间的话语会影响你的判断。见到员工要亲切地询问工作情况，遇到员工不解的地方亲自示范，更能体现你的亲切，利于员工说出真心话。收集员工对于企业的建议或者意见，一一记下，便于日后调整企业制度。最后，在员工下班后更是一个明察秋毫的好时机，企业里人员越来越少，不用担心员工的疑心，更能感受员工在工作时的状态，是掌握大局的最佳选择。

一家英国的老板认为，以局外人的身份对干事的人进行完全彻底的评判；如果让干事的人对自己所干的事进行评价，往往会因为局内人的观察盲点以及利益的牵扯而使评价失去公正性，旁观者清。基于这种观点，这家公司不惜重金聘请了几位对企业颇有研究且专爱挑毛病的人员组成了企业评论部，以对企业明察秋毫。老板给评论部规定的任务是，尽量给公司找差错，和公司唱反调，而要尽量找出员工的优点。这些挑毛病专家一个月就将公司的经营、生产、管理等环节当中的种种漏洞汇成了一本集子。总裁随即把各部门主管召集起来，对这些批评意见具体分析，区别对待，逐项落实，很快就使公司面貌焕然一新。

法国创业公司的老板对企业明察秋毫后，发现有很多员工都有想当老板的意愿，于是他顺应了员工的想法，决定培养能独立创办实体和公司的员工。公司没有职员，只有大老板和小老板之分。小老板们在掌握一个独立的老板所必需的全部技能，并且在其生产及经营业绩达到公司要求的指标时，就可以从公司提取一笔可观的费用，自己去做老板。创业公司初建不久就出现了6个小老板，公司总裁对小老板说："我只负责对你们投资，你们拿出切实可行的发展方案后，自己去寻找助手，公司不会以任何理由对你们的人事及发展进行干预，在你们的经营业绩达到一定规模时，我还可以让你们独立出去做老板。"面对这一充满诱惑力的希望，6位小老板积极开动脑筋，发展自己的公司，创业公司也因此蒸蒸日上。

企业在发展过程中会遇到各种各样的问题，企业的领导要随时掌握企业发展的脉搏，就应该去发现问题，也许有些合理，有些荒唐，但都在企业实实在在地发生着，如果老板不善于捕捉这些细小的变化和隐患，将来就有可能成为企业发展的大碍，因此明察秋毫是一个很好的举措。

搞掂真经

明察秋毫，是企业收集信息的一种手段；掌控全局，是企业必须达到的管理目标。达到目标的方式有多种，一种手段是远远不够的，还要寻求更加有效的其他手段。

第八章 用镜子照亮你的心

一提到约束、制约、管理、使用等等的词语，就给人一种被束缚的心理反应，没有一个员工喜欢这样的领导方式，我们不如换一个角度考虑问题：用镜子照亮你的心，让员工自己去体会，工作的目的是什么，企业对他们又意味着什么。

用制度约束悟空型人才

孙悟空,精力充沛,悟性极高,而且思维行动敏捷,专业技能出色,有大闹天空的历史经历为证。他工作态度良好,信念坚定,能坚持完成上级交办的任务,遇到困难不退缩,不推卸责任。虽然有点小脾气,偶尔不服管教,但总的来说,忠诚度颇高。他的团队合作精神非常好,尽管在技能上,他是团队第一,但是不会犯大多数明星员工不合群的错误。基本上能够很好地团结同事。特别是没有歧视唐僧这样的非技能型领导,服从安排,忠于职守,处处从大局出发,对于一个技术型人才来说难能可贵。保护了唐僧作为领导的权威性,不会揪住领导的错误不放。协调组织能力佳。保持乐观,富有工作激情。不管是协调同事还是协调外援,都能一团和气完成任务。孙悟空之所以有这么多的优点,归功于唐僧的领导有方,他为保持团队的严格纪律,怕孙悟空有骄傲情绪,请如来佛祖给他戴上了一个紧箍咒,也得力于紧箍咒的魔力才使孙悟空有了制约,因此,用制度约束孙悟空型的人才是企业的秘密武器。

大量的事实告诉我们,企业一旦缺乏必要的约束机制就会导致企业内部失控,各级员工利用职权之便去谋求自己的利益,而最终损失的是企业的利益。尤其像孙悟空类型的员工更是聪明透顶,他只要稍微动一下脑筋,企业就别想活命了。所以要制定相应的制度约束其行为,使他的“坏心眼”无的放失。但制定的制度不能把孙悟空的手脚都绑死,更不是要把他变成“木偶”或“算盘珠”,而是引导他的聪明才智在企业允许的范围内充分地发挥出来,并且向利于企业的方向发展。除了约束孙悟空型的人才外,企业还应建立员工间的相互制约,通过员工的互相监督和制约形成人人竞争,人人遵守制度的好风气。最后,在用制度约束的同时,企业还应不忘记对孙悟空型人才的善待，鉴于其对企业做出的突出贡献，还应进行适当的鼓励和补偿，这些也应该是制度约束中的重要组成部分。充分肯定他的业绩和工作能力，建立起长效的激励机制，更能发挥制度约束的优越性。

王行是一名外资企业的公关专员，她性格开朗，外向，而且聪明伶俐，工作能力也非常强，因此在与同事接触中显得很得意，说话也喜欢嘲笑别人，揭别人的"短儿"。有一次，同部门的同事穿了件新衣服，别人都称赞"漂亮""合适"，可当问到王行觉得如何时，她直接回答说："你身材太胖，不适合。"甚至还说："这颜色你穿有点艳，根本不合适。"这话一出口，搞得当事人很生气，而且周围大赞衣服如何好的人也很尴尬。其实，王行说的话有一部分是事实，比如说该同事确实比较臃肿。虽然有时她会为自己说出的话不招人喜欢而后悔，但她根本不在乎，她依然说特让人接受不了的话，以此愚弄别人，觉得自己很英明。久而久之，同事们把她排除在集体之外，很少就某件事儿去征求她的意见。部门领导知道后觉得虽然王行的工作能力很强，但是有必要约束一下她作为公关人员的礼仪规范，于是就动员她参加培训班，用这种软性的制度约束她的行为，希望能对王行的言行有所规范。参加培训之后的王行有了很大的改变，她说培训老师给她定下了任务：每天至少说一句赞美同事的话，尽量减少一次和同事的摩擦等。一段时间后，大家觉得王行谦虚了很多，同事们也开始喜欢和她接触了，其实这都靠领导的细心观察，用软性的制度来约束王行行为的结果。

王行在工作中是一个能力非常强的人，导致在同事之间的交往中产生了骄傲浮躁的情绪。领导及时发现并找到了制约她的办法，起到了积极的效果，也维持了办公室里和谐友好的气氛。企业针对不同的员工进行相应的制约是企业积极管理的一个方面，更是灵活有效地运用管理手段的表现。

搞掂真经

用制度制约孙悟空型人才的“嚣张气焰”，必须建立在充分肯定其工作能力的基础上；对他们的行为进行适当的约束，而不是捆住手脚。

用物质打动八戒型人才

一个好的团队离不开猪八戒这种类型的人才，他插科打诨的功夫就可以缓解团队在紧张时候的气氛，是团队团结合作必不可少的润滑剂。使工作中不会因为气氛沉闷而感觉枯燥和缺乏生气，团队也会富有生机。八戒型的人才可能没有孙悟空型人才工作的效率高，技术也一般，但这些都不是八戒型的本质特征。大家都知道猪八戒是一个既贪财又好色的人物，但他的心灵基本还算健康，本质不是很坏，工作表现虽然最差，全归咎于他的懒惰，所以掌握好使用这类人才的高招就是用物质打动他，激励他，使他觉得生活和工作有奔头。另外，物质也是他最需要和最渴望的，用物质去吸引会取得最佳的效果。难怪连观音菩萨都力举猪八戒为唐僧的二徒弟，印证了观音菩萨慧眼识“猪”的非凡才能。不怕有缺点就怕没特点，只要找到解决的突破口就不怕“搞不掂”。

用物质打动八戒型的人才，可以把物质奖励分作基本薪酬、效益奖金、偶然奖励三部分进行。基本薪酬是在企业中对其平时工作表现的劳动报酬，也是最为稳定的部分，这可以保障八戒型员工的基本日常生活。但这样的基本待遇肯定不能满足八戒型人才的开销，因为他贪吃还好色，时间长了就连这基本的薪酬他也会不知足，甚至出现怠工的现象。因此要激励起他的工作热情必须还得用效益奖金才能满足他的胃口，每个月根据员工的表现和业绩确定效益奖金的多少，至少能够保证他在一个月内是热爱工作且认真负责的。也是对八戒型人才的工作考察结果和让他意识到应该具有更大的责任心才能获得更多的鼓励。但时间长了他也会厌倦，也不是长久之计。八戒型人才在工作中虽然比较懒惰，但他的工作能力不比他的大师兄差很多，看到他们都在工作中获得很大的成绩，他心里也很痒痒，于是也想找机会发挥一下自己的潜能，认真地对待工作也会取得不俗的成绩。因此企业在面对这难得一遇的工作激情后肯定要对他进行突发事件的奖励，并且还要重奖，更能激发八戒型的人才对物质的渴望，对工作也渐渐充满了激情，对企业更是一举两得。用物质打动八戒型的人才还应该注意不宜过度频繁和数量过于丰厚，会使得他觉得报酬得来特别容易，并且也不珍惜得到的胜利果实，导致对工作的厌倦，好吃懒惰的习性复萌。

海尔在用物质打动员工方面的举措是实行三工并存，动态转换，即优秀工人、合格工人、试用员工。当然员工也会有不同的薪酬支付政策，不仅仅给予住房津贴，每年500元的医疗津贴等。针对中层管理人员，在明确职责划分与管理目标的基础上，海尔实行“四级动态考核”。薪酬支付的前提是定期考核的结果。由于考核内容明确，标准具体，以实实在在的工作表现及工作实绩为据，鼓舞和激励了员工的热情。至于对研发人才的薪酬设计是“给您一条船，进退浮沉靠自己”。海尔的研究项目都来自于市场需求，一旦有市场需求反映到公司，公司会提供研发人员所需的一切设备，研发人员必须在要求的时间内完成。当产品开始在市场上销售后，研发人员按产品在市场上所获得的经济效益提成获取薪酬。一种产品几个月下来，一个研发人员有可能获得几十万人民币，甚至更多的收入。善于挖掘一个企业所有的奖酬资源，物质的薪酬与社会性的薪酬相结合，内在的薪酬与外在的薪酬巧妙结合，专业技术人员在获得公平的薪酬的同时，也获得了能满足其成就感及认同感的心理奖酬，无形间塑造了海尔的企业文化："只要努力，人人在海尔都有机会"。海尔的薪酬体制不仅奖励员工做好分内的工作，而且激励员工参与企业经营、开发自我的潜力，成为员工选择海尔的一个重要原因。

海尔在用物质手段打动、鼓励员工的方式上更加完备和合理，对企业不同等级的员工实行的薪酬制度也是不一样的，形成了企业内部多种分配制度并存的结果，企业的这一制度极大地鼓舞了员工的工作积极性，都在努力工作，力求在物质方面获得更大的收益。

搞掂真经

用物质打动八戒型员工是一个最为简单的方式，不需要特别动脑筋去琢磨他们的心理和动机，但要把握好物质的标准和尺度。适不适合给予，给多少合适，要结合企业的实际和员工的工作表现而定。

用真情留住沙僧型人才

在去西天取经的途中，孙悟空虽说能争勇斗狠，敢于冒险，但他有勇无谋，还经常因此闯祸。通风报信的往往是猪八戒，而打不过就跑这个特点也只是八戒有。在一路上，沙和尚尽管头脑不如猪八戒，武功不如孙悟空，但却一直在做着最能体现他价值的工作——挑包袱做苦力，任劳任怨。从这一角度来说，沙僧是个好员工，他对领导忠诚勇敢、不离不弃的精神是前两个大师兄不可比的。他基本上不犯什么错误，要是非找出不足的地方也是因为他的善良导致被别人陷害，因此要留住沙僧型的人才一定得用真情实感打动他。他脑子不比孙悟空聪明，不需要用制度约束他；他没有猪八戒的懒惰和贪吃，因此不需要用物质激励他。沙僧惟一的想法就是保护师傅取经途中的安全，而且对上级保持永久的爱与敬仰，吃苦耐劳，几乎没有任何让人挑剔的地方，惟有给予他真情才对得起他的忠诚。

对沙僧型人才融入真情，首先是要学会关心，从生活中的点滴小事做起：在繁忙的工作时间内抽出一些时间和员工在一起度过，共同参与一些活动，进行沟通交流，善于在细微之处打动沙僧型人才的心，生活上给他帮助，工作上给予支持，让他心存感激，满怀崇敬。管理工作也能在交往中产生情感，真正地融合一起，打成一片。还要学会换位思考，充分认识到工作也是生活的一部分，生活本身是为了寻找欢乐，创造幸福的，因此，一个管理者一定要给沙僧型人才一种风雨同舟、关爱有加的感觉，在工作上协助他，让其工作能够得以顺利开展。人们的激情往往是从温暖的环境中激发而出。时间、情感、金钱、赞美、鼓励，这些都是很好的真诚元素，管理者应充分利用这些现实的元素，要给他多多付出而不必急于求回报。经常同他沟通，以了解其思想状况，适时改进工作方案。人们的情感往往是从物质上开始，然后在精神上得以升华，坚持付出，管理者就会看到一个令人向往的效果。融入真情是收之以心的前提，赞美是管理者同员工之间的催化剂，收心不是一种强制而是一种慢慢的渗透，逐渐的巩固。让沙僧型人才快乐地、自觉地、积极地投入工作。

新疆库尔勒加油站的员工都是任劳任怨的好职工，企业在面对这些员工的同时，也给予他们真实的感情投入。不断创新“岗位留人、机制留人、待遇留人”的管理机制，经营也在不断翻倍，去年销量过万吨，而且被评为中国石油三星级加油站。并及时制定一系列措施，选拔优秀员工担任站长和从事其他加油站管理工作；逐步加大优秀员工的专业技能培训；设立奖项奖励优秀员工；建立与职工同等的入党、入团，参加工会组织的机制；为加油站一线员工增发冬、夏、秋季服装和御寒棉皮鞋，不断从工作、学习、生活上关心员工，有效地调动了员工爱岗敬业的积极性，起到了立竿见影的效果，留住了一大批优秀的员工。目前，库尔勒分公司有 3 年以上工龄的员工 108 名。今年春节前夕，库尔勒销售分公司还首次举办了所辖加油站员工迎春座谈会。近百名社会员工首次参观了分公司党员教育室，亲身感受到了企业文化的洗礼。座谈会上，分公司还分别给工作 3 年以上的 108 名员工颁发了荣誉证书，并发放了春节慰问金合计 1.95 万元。共产党员胡林忠代表员工在发言中深情地说：“在加油站工作多年，第一次参加类似的活动，感慨万千，换成一句话就是‘中国石油真好，库尔勒分公司真温暖’。”为进一步激发员工在企业中的作用，今年库尔勒分公司将建立员工夜班补贴、工龄补贴机制，以进一步达到用真情留人、激励人的目的。使得企业连年被评为先进单位。

新疆库尔勒加油站是一个自然环境特别艰苦的地区，但那里的员工非常敬业和吃苦耐劳，企业只有用真情才能感动他们，回报他们，调动其更大的积极性，这也是对企业负责，对员工负责的表现。

搞掂真经

用真情留住沙僧型人才是对忠贞不渝精神的最好奖励，没有一种方式比用真情留住员工更为牢靠的了。

用事业远景感召各类人才

当今的时代，扑面而来的是一种知识化、科学化和高新技术化的知识经济，是一种多样化、开放性、高度动态性的新型大市场。在这大市场、大经济的运转过程中，经济与企业文化形成了互为中介的整合现象，正在以迅雷不及掩耳之势，由局部向整体、由低层次向高层次推进，成为现代化市场经济不可逆转的大趋势。面对新形势和新挑战，我们深刻地意识到经济发展对企业的事业前景的冲击，对企业感召人才的冲击，一定意义上企业的事业前景也就是人才的事业前景，企业的发展道路就是人才的发展道路，所以企业要想感召人才必须用事业前景来感召，让人才与企业的发展同行。企业的事业前景是企业腾飞之魂，塑造企业形象，规范企业行为，促进企业的有效管理，规划了一套完整的企业事业前景蓝图，加之以质量和诚信为中心的企业文化，在市场竞争日趋激烈的情况下，才能不断发展壮大，并取得较好的社会效益和经济效益。

用事业感召人才，基于人力资源规划战略的考虑。根据企业发展战略确定自身的人力资源开发和规划，确保主业人才队伍的稳定和提高，不断加大其他相关专业人才的培养、储备和开发，制定内部人才培养与外部人才引进计划，为企业未来向更广阔的目标挺进奠定坚实的人才基础。基于人才素质模型的潜能的评价，企业对各类

职位高绩效员工的内在素质进行深入分析，总结各类员工的成功素质模型。以此为基础，建立相应的人才招聘和选拔标准，真正做到选合适的人到合适的岗位，人尽其才，充分发挥人的潜能，建立人才竞争优势。基于任职资格的职业化行为的评价，企业的任职资格标准是对高绩效员工行为的分析、总结和提炼，通过任职资格标准的建立及资格认证，开发多条职业通道，为员工晋升与薪酬调整提供决策依据。基于关键绩效指标的考核，企业建立分层分类的关键绩效评价体系，绩效目标的设立源于企业的战略目标和职位的责任，对中、高层领导的考核更强调结果指标，对中、基层管理者的考核更强调行为过程，考核结果与员工的分配和晋升挂钩。基于业绩与能力的薪酬的分配，企业实行业绩与能力导向的薪酬分配制度，员工的收入直接取决于员工对企业的贡献。企业承诺，只要员工的付出和投入有价值，就一定能够获得合理的回报，贡献越大，回报越高。基于职业生涯的培训开发，企业鼓励员工进行职业生涯设计，并提倡立足本职岗位规划自己的事业远景，每一个岗位的工作都是完成自己事业目标的一个步骤。企业员工应根据事业规划加强自学，结合岗位不断提高自己的能力和素质；企业将针对员工的职业生涯制定多样化的职业培训和开发课程，帮助员工提高终身就业能力。企业的事业前景是一种精神生产力，推动企业发展的原动力，在企业遭受挫折和困境时，它能支撑企业闯过难关；在企业处于兴盛期时，加速企业发展，始终推动企业向既定的目标执著坚定地前进。建立了一个发展的、实践的、开放的企业前景，不断实现企业的自我超越，同时在发展过程中不断丰富和完善企业的内涵，才能够不断地发展壮大，不断前进。

西洋集团是以耐火材料、钢铁等为支柱产业的大型集团，集团现拥有总资产60亿元、员工15000多名。2004年实现利润8亿元，实现税收2.3亿元。西洋集团是中国最大的镁质耐火材料生产基地，产品畅销欧、亚、美30多个国家和地区。西洋集团还被选入中国企业500强、全国民营企业50强等荣誉称号。其总经理周福仁为第十届全国人大代表，曾荣获全国"五一"劳动奖章。他在与四川西洋五洲铝业有限公司签约仪式上讲话时就强调，要用企业的远景来感召人才。只有让人才了解企业的事业发展前途和方向，才有可能留在企业发展。人才需要运用自己的分析能力来判断公司是否有前途，因为公司的健康发展和活力应该是他们关心的主要方面。当公司面临挑战的时候，他可以根据公司采取的策略和实施的步骤来判断这个公司是否真的有实力。只有公司具备实力和未来的发展前途，才能保证员工个人的事业有发展前途。所以要塑企业远景，让员工发自内心地对企业未来发展充满希望，而且是可以在不久的将来可以实现的希望。企业远景是企业具有凝聚力、向心力、感召力的象征。正是凭着他的这股对人才的执著追求的精神，才使得西洋集团的人才队伍不断壮大。

这个企业对待人才的态度，就是用企业的事业前景感召人才的，也得到了人才的认可和支持，进而决定与企业一同成长和发展。对企业来说，这是最好的选择，不用付出企业的物质资金就能轻松留住人才，而且这样的合作基础也非常牢靠。

搞掂真经

用事业远景感召人才，应是企业用人、留人的一贯策略，因为他们懂得人才是不会因为暂时的待遇高低轻易地离开企业的，真正的人才主要考虑的是，是否有更多学习与锻炼的机会和广阔的发展空间。

用人才相互制约机制制约各类人才

建立各种制约机制的最有效的方法就是相互制约，相互制约意味着相互促进，共同发展。建立结构合理，配置科学，程序严密，制约有效的人才相互制约机制，从决策和执行等环节加强对人才的监督，保证把对人才赋予的权利充分有效地利用起来，为企业的发展营造健康有序的环境。根据有关统计表明，人才的流失有很大一部分是对人才的监督和监管不利造成的，企业在给予人才充分的发展空间时，没有注意建立相应的制约机制，更没有考虑到人才的相互制约，致使人才锻炼好本领以后谋求更大的发展去了，企业白白做了嫁衣，苦不堪言。人才的相互制约机制一方面防止了核心人才的滥用职权，加强监督和监管力度，另一方面保障企业的各部门管理人员的权利和义务的平衡。企业的发展措施得力、监管得力，才能步入企业的良性发展轨道。

在人才相互制约机制的设置上，关键岗位的人才掌握的权力不要过于集中，制约结构要处于平衡状态，避免不受制约的权力“真空地带”权力无限大，责任无限小。相互制约措施制约的是人才的精神和心理领域，互相监督和制约，使其加强自我约束的意识。建立以公开为基本前提的人才推荐机制。坚持公开的原则，才能平等竞争，使大批优秀人才脱颖而出。要从民主推荐制和署名推荐制、考察预选制、上任前的公示制等人才选拔任用的各个环节上，都尽可能地公开，使企业可以较大限度地明确人才相互制约的选拔标准。建立以民主为基本趋向的考察机制。要建立一种全体人才参与，客观使用人才的机制。健全选举制度，实行民主推荐、民主评议和民主测验制度，扩大企业员工对人才选拔任用的知情权、了解权和考察权，客观地衡量拟任人员的素质。建立以竞争为基本特征的人才选拔机制。要把“公开、平等、择优”的原则贯彻到人才的选拔中去，变“伯乐相马”为“赛场选马”，对不称职的人员实行待岗制、转岗学习、离岗分流，改任非领导职务，实行能上能下的人才制度。真正能把业务上靠得住，工作上有本事，作风上过得硬的人才选拔到各级岗位上去。为此，要提高各类人才的素质。

曾经担任美国最高法院大法官的霍尔姆斯有一个习惯，他在和别人一起走路的时候，一定是拉着别人小跑。有一天，霍尔姆斯和朋友在院子里散步，霍尔姆斯总是用手拉着朋友快速走。朋友不解地问：“我们是在散步，有必要走得这么快吗？而且你为什么还要拉着我一起走？”霍尔姆斯微笑着对朋友说：“哦，当然有这个必要。我这一生都在迅速地赶路，而且我必须让同伴和我保持同样的速度，无论做任何事情都是如此。你知道，这是必须做的事。当你迅速往前走时，过去的一切都将留在后面，不管是美好的成就，还是让人懊恼的失误。然后，你就可以迅速到达下一个目标，等你到达下一个目标之后就要抓紧时间重新开始。如果我和同伴一起行走，那我必须让他和我保持同样的速度，否则大家就会一起效率低下。当大家互相督促的时候，无论干什么事情都会保持较高的效率，这样就不会错过任何成功的机会。如果我不拉着你前进，而是和你一样的速度，那么我的速度也会降下来。在集体中也一样，如果没有相互的制约和督促机制，每个人员的效率都下降了，就意味着整个集体的速度都在降下来，损失就是集体的利益。”

霍尔姆斯是一个非常善于从身边的小事悟出大道理的人，其实正是这些身边的小事才蕴涵着大道理。做企业也一样，如果不了解简单的原理，是无法处理好最基本的事情的。企业内部如果没有建立相

应的相互制约机制，人都是有惰性和相互影响的，那么到时候损失的就将是企业的利益。

搞掂真经

用人才相互制约机制制约各类人才，使人才各得其所，各尽所长，相互监督，相互制约，平衡稳定地为企业架起腾飞的桥梁。

让人才在发展中活跃起来

人才问题是关系企业发展的关键问题。面对日趋激烈的国内外人才竞争形势，企业要解放思想，树立科学的人才观，大力营造有利于人才脱颖而出的环境。这是着眼于企业发展大局，针对企业人才队伍建设实际提出的战略性、根本性要求。目的就是为了把各类优秀人才凝聚起来，充分发挥其积极性、主动性、创造性，让一切有利于企业全面发展和人才发展的思想活跃起来，让人才在企业发展中活跃起来，推动企业的发展速度。发展是企业的第一要务。人才支撑着企业的发展，企业的发展孕育着人才的成长。让人才在企业的发展中活跃起来，利于营造人才大量涌现、健康成长、合理流动和充分发挥作用的氛围，把各类人才从不合时宜的体制机制中解放出来，最大限度地推动科技创新，促进生产力发展。在维护各类人才利益，保护各类人才积极性、主动性、创造性的同时，推动人才自身的全面进步。尊重劳动、尊重知识、尊重人才、尊重创造。强调以人为本，促进人才的健康成长和充分发挥人才的作用。利于加快人才的成长，企业在发展进程中，人才积极活跃的表现能够更快地掌握各方面的知识，以及各种技能在实践中的学习和应用。

要实现人才的活跃，让每个人都了解自己的地位，不要忘记和他们讨论他的工作表现。给予奖赏，但奖赏要与成就相当；如有某种改变，应事先通知，员工如能先接到通知，工作效率一定比较高。让员工参与同他们切身利益有关的计划和决策；信任员工，赢得他们的忠诚；实地接触员工，了解他们的爱好、习惯和敏感的事物，对他们的认识就是你的资本；聆听下属的建议，他们也有好主意；如果有人举止怪异，应该追查；尽可能委婉地让大家知道你的想法，没有人喜欢被蒙在鼓里；解释为什么要做某事，盯着员工会把事情做得更好；万一你犯了错误，立刻承认，并且表示歉意。如果你推卸责任，责怪旁人，别人一定会瞧不起你；告知员工他所担负职务的重要性，让他们有安全感；提出建设性的批评，批评要有理由，并找出解决的方法；在责备某人之前，先指出他的优点，表示你只是希望能帮助他；以身作则，树立好榜样；言行一致，不要让员工弄不清到底应该做什么；把握住每一个机会，表现出你以员工为骄傲，这样能使他们发挥最大的潜力；假如有人发牢骚，需赶紧找出使他们不满之处；尽最大可能安抚不满的情绪，否则所有的人都会受到波及；制订长、短期目标，并且让每一位员工清楚公司的发展目标；支持你的员工，应有的权利与责任是不可分的。

腾驹达不仅是秉持“厚德载物、人事相宜”的企业理念成就的伟业，而且在选人、育人、用人、量人方面均讲究厚德载物，以德为先，“润有根之苗”，这根中就蕴涵着美德，无德之人腾驹达概不润泽；“度有缘之人”，这有缘人必定是有德之人。人选事，事择人，人事相宜，腾驹达择人选事力求符合人间正道，做光明正大之事，选择对社会、对人类有用之事让人做。腾驹达做事择人，必择堂堂正正之人，不择蝇营狗苟之徒。由德正才高之人来做人间大道正事，才能气定神清，天蓝地阔，品自优质端正。“晋材成才，跃才通财”是腾驹达与众不同的经营方针与服务理念。有才之人分三类，即人材、人才、人财。人材是指人的资质和素养，是潜在的能力；人才是指人的外显能力，只要舞台搭好了，人才就能成功演出；人财是指创新和创造能力，有舞台能演出，没有舞台自己能够打造舞台，创造财富和效益。人才非人财，让人才活跃起来，才能通达财富，这是“跃才”的第一层含义；“跃才”的第二层含义是指把人才提升为人财，即提升人才的创造能力。总之，“跃才通财”就是通过人才流动和人才提升，使人才成为人财，为企业为社会创造财富，在创造财富的同时，人才的价值得以实现，用人单位的效益获得提升。

腾驹达公司的人才观点里，一个很重要的因素就是实行人才的活跃发展路线，只有让人才在企业发展中活跃起来，才能保证企业的活跃与创新开拓，能够充分认识到这一点就是企业在用人上的成功了。

搞掂真经

让人才在企业的发展中活跃起来，不仅是企业重视人才的表现，更是企业在吸纳人才后合理使用和发展人才的表现，也是贯彻和落实科学的人才发展观的举措。

对不同员工使用不同的管理策略

现代企业的竞争力往往是由企业所拥有的人力资源决定，尤其是高新技术对企业来说具有举足轻重的影响，如何有效管理员工是许多企业急需解决的问题。一个企业管理方式的有效无效取决于多种因素，不容置疑的一点就是对不同的员工使用不同的管理策略，是企业保持竞争力的有效手段。企业里员工类型多种多样，职位也很多，既要对企业的核心员工进行管理规划，对员工队伍的现实任职素质进行大盘点，同时分析外部人力市场的变化趋势及内部员工流失率情况，预测核心员工队伍未来的发展变化与业务发展的匹配情况，又要培养后备力量，选拔认同企业价值取向、素质高、有潜力的后备人员，有计划地给予重点培养，逐步形成关键员工队伍的阶梯式结构，持续有效地支持、组织战略目标的实现。还要留住员工，留住员工的心，创造良好和谐的企业文化氛围，追求企业与个人的共赢。最后还得对员工进行适当的激励，考虑中长期员工的薪酬方案。开发员工素质，激发员工的斗志，保持最佳绩效，是关系到企业能否实现战略目标的关键所在。企业在员工的管理上要实行多样化的管理，才能保持企业的稳定与发展。下面就粗略地介绍几种对待员工的管理方式。

明星类员工，是企业中岗位价值和岗位匹配度都很高的员工，是企业经营中的主角，既是创造大部分企业经济价值的明星，同时又是企业管理舞台中的明星，对待他们要管理有度，发挥他的明星优势，感染其他员工，带动企业发展。问号类员工，企业对他们的定位和期望通常比较高，而他们在所处的岗位上有力不从心之感，无法完全实现所处岗位应该有的价值，处于“尴尬的半空中”，既有可能发展成明星，也有可能就此停止上升或退回到原来的岗位。对待他们，企业要多花心思管理，引导他们向更高的方向进步。中间层员工，他们在普通岗位上很好地完成自己的工作，他们在企业的管理舞台上属于“沉默的大多数”。入门类员工，处在企业中那些较为简单的基础岗位上，但仍然不能完全使所处岗位体现应有的价值，如果我们认为那些长期处于低级职位、绩效表现不佳的员工不能长期在企业存在的话，那么这类员工往往是对企业或者专业、行业陌生的新员工。对待他们，企业要采取不厌其烦的管理方式,从最初级的技能进行管理和培养,如果适合企业发展的就可以留在企业,如果不适合也可及早发现,及时处理。

李某是一家软件开发公司新来的技术员,由于公司的老技术人员流失得比较厉害,所以企业觉得李某可以培养成为企业的核心骨干。企业目前已经开发出四版软件,公司原来一直走发展渠道的模式,后来公司决定自己开发市场,现在已经初见成效,接到一些软件订单。但是以前李某是技术部技术最差的一个,以至于现在凡是经李某手的项目都得不到很好的完成。而别的技术员又无法接手李某的工作,现在因为李某,该公司已经有四五个项目都不能按时完成。市场部在员工大会上已经提到这一点。但老板一直不敢辞退李某,因为怕这样一来,公司会陷入瘫痪。市场部接了一个项目,是李某项目部下面的一个程序员甲做的,该程序员把这个项目做好以后出现一些问题,然后市场部在与他们沟通时,李某就说:甲做的不行,解决的办法就是由张某重做,老板问:多长时间能做完?李某答:两个星期。两个星期过去了,项目依然没做好,老板问:为何?李某答:出现一点程序问题,还要两天。两天后,该系统彻底死掉。开员工会时,市场部经理追问:为何会出现这样的问题?李某答曰:没办法,有一个系统问题解决不了,再有两天绝对能做好。就这样又是两个星期过去啦,李某还说:需要两天……后来让别人做,两个星期全部做完。可李某仍在重复他的"过两天",以至于市场部的人看到他就怕。但是,李某有一个很大的做人技巧,就是让老板很相信他。还能把两天能做完的事,拖到星期六拿加班费。最后,企业及时制止了李某的无耻行为,把他解聘了。

这家企业对待员工的方式和看法一成不变,非常信任员工,也很重视员工的发展，给予他重任。但企业的老套做法早已过期，导致员工吃透了企业：无论对待什么样的事情也都是一个态度，最终的结果可想而知。如果还不及早出台相应的管理制度，势必使企业陷入困境。

掮掂真经

对不同的员工使用不同的管理策略，是企业遵循实事求是原则的最好体现，也是避免企业在管理上出现偏差和漏洞的防疫针。

对缺点员工用其所长

社会上的人千差万别，有的人缺点很多，有的人缺点很少，有的人有着致命的缺点，有的人的缺点无伤大雅，甚至有的人你基本上就找不出他有什么缺点。有的人缺点很多但可爱，有的人没什么缺点但可厌。一个人缺点突出往往优点也同样突出。脾气火爆说话粗鲁的人，常有着豪爽仗义的一面；不拘小节办事糊涂的人，常以开朗风趣使人愉悦；懦弱胆小沉默寡言的人，其良善温柔的关怀体贴总会在不经意间给人感动。以其之长补己之短，以其之短醒己之短，长相交往，融合与共，不亦乐乎。

企业发展迫切需要有文化、懂管理、善经营，有战略眼光、力排众议的人。大胆起用所谓有缺点的人，给企业带来虎虎生气。对于缺点员工的巨大优点进行开发和利用，会对企业的发展带来意想不到的成绩。退一步讲，在人的一生中，没有缺点、没有错误是不符合历史唯物主义的。只要是人，就都会受到认知能力、历史条件和生活环境的限制，在认识和处理问题的时候，就难免有缺点和错误。不犯错误的人是没有的。一个人工作干得越多,犯错误的可能性也就比别人大些;一个要想走前人没有走过的路的人,犯错误的风险则会更大。要历史地、辩证地看,只要他有一技之长,具有领导改革的能力和胆识,就要重用。而不要议论芝麻粒大小的所谓缺点、错误,不苛求于人。企业在发展,今后的路很长、也很难。当前要紧的是要保护员工的积极性。在评价一个缺点员工的时候,切忌主观唯心,切忌抓住一点,不及其余。

任何事情都有不完美的地方,对待人和事物的时候,还应该宽容和理解,缺点的背后一定有很大的优点存在,因此一定要深入分析员工的缺点,用其所长。

武汉有个集团公司,它的总经理是颇有名气的企业家,然而也是有"争议"的人物,有人说他是"两头冒尖"。论才能和业绩,他才能出众,有管理现代企业的能力,他所管理的企业成就突出;但另一方面,他极有个性,不那么"听话",同某些主管部门的领导关系不融洽。于是,在一些人中间引起争论,有人夸奖他,有的斥责他。夸奖他的人,说他有不同凡响的业绩,是个能人;斥责他的人,认为他的毛病挺多,甚至比一般人还突出。但他对企业的贡献却是任何一个人都肯定的,企业领导明确表态,不能让这样的人才离开企业。

南京一家设计公司认为企业聘用人才是因为他能做什么,而不是不能做什么,要重视的是员工能出什么成果,而不是他有什么特点。人总是有缺点的。一个没有缺点的人与一个没有优点的人,如果说有什么不同的话,也仅是看问题的角度不同。任何想在组织中任用没有缺点的人的想法,最终造就的只能是一个平庸的组织。所谓各方面均优秀的人才根本没有,因为人只能在某一领域达到卓越,最多也只能在几个领域达到卓越。人无完人,特别是强人,总是缺点与优点同样鲜明。

北欧联航的卡尔森，因为好出风头，许多董事不喜欢他，但他们还是愿意选他当总经理；德国大众公司的皮埃切，骄横跋扈，但这同样无碍于他继续做大众公司的领路人。组织的最根本任务是出成果，既然如此，首先应该关注的应该是员工能贡献什么。过分关注员工不能做什么，有什么样的缺点，只会打击员工的自信心，他自身也发挥不出什么作用来。如果克服员工的缺点，组织的目标就要受挫。员工有缺点，但是组织却可以通过有效的人员搭配或制约机制把缺点员工的优点挖掘出来。一个科技人员，他可能很不善于人际应酬，把他纳入组织当中，只要安排适当，也就可以发挥他的一技之长，而让其他擅长交际的人来补其之短。这样，组织就同时拥有科技与交际两项优点了。谨记：成功之道，不在于克服了多少缺点，而在于你能把员工的缺点利用了多少。这家公司就是凭着这样的原则任用了一些有缺点的员工，他们一样在工作中发挥出色，使企业蒸蒸日上。

对待员工既要宽容又要客观，能够承认事实的存在，同时还要找准缺点，反其道而行之，把员工的缺点加以转化利用，同样可以为企业做出贡献。如果企业一味地追求员工的优点和缺点，把优势利用起来，而永远回避缺点和弱势，就会浪费很多人力资本，到头来也得不偿失。

搞掂真经

对有缺点员工要用其所长，但要仔细考量员工的“缺点”中是否有所长，也许他的“缺点”在另种场合中就是优点。

掌握使用人才的奇招妙式

掌握使用人才的奇招妙式，要有识才的慧眼、用才的气魄、爱才的感情、聚才的方法；知人善任，广纳群贤的用人态度；有识才的慧眼，善于发现人才，有眼界，有眼力、眼光。善于发现任劳任怨、兢兢业业干工作的人才。发现言行一致，表里如一的人才。坚持德才兼备，惟才是举的原则；在用才的机制上，更新用才的观念，摒弃各种陈旧观念和偏见，树立事业至上观念，讲台阶而不惟台阶，讲资历而不惟资历。充分信任，放手使用；提防谗言，要敢于授权，要大力支持人才的工作。爱才要有感情。珍惜人才，爱护人才。这里的感情，不是私人之间的感情，而是对企业事业发展的感情，为企业的利益求贤若渴的感情，对待人才珍惜、爱护的感情。爱才，要在工作上大力支持，生活上热情关心，为人才的健康成长和发挥作用营造一个良好的环境。

拿破仑说过，最难的倒不是选拔人才，难点在于选拔后怎样使用人才，即使他们的才能发挥到极致。因为发现人才，知人之后，重要的是善用人。识别人才，选拔推荐人才，都是为了善用人才。

善用人才是企业使用人才的第一招，是领导者成熟的主要标志和能否将企业“引航前行”，在市场经济的汹涌波涛中驶向胜利彼岸的关键条件之一。善用人者能成事，能成事者必善用人。企业不在大小，员工不在多少。凡重用众才之能者必兴，凡善聚众智之光者必明。

量才使用，才尽其用是企业使用人才的第二招。不同的工作岗位，对人才有不同的要求；不同的人，对岗位也有不同的适应性。量才用人，需要根据不同人才的素质才智，安排相应的岗位。既要防止大材小用，浪费人才，也要防止小材大用，虚占其位，贻误事业。

明责授权，信任人才是企业使用人才的第三招。俗话说："用人不疑，疑人不用"。既然你认为是人才，就要明责授权，大胆使用，切不可既用又疑，授职无权。企业的各项工作千头万绪，领导不可能包办一切，要大胆、充分地使用人才。

组合人才，聚放效应是企业使用人才的第四招。人才不仅有一个量才使用的问题，还有一个合理组合发挥其集聚效应的问题。把两个能力、经历、资历、性格、年龄相当的人放在一起，很容易"碰撞""不团结"；但如果优势互补地加以组合，结果可能就大不一样。因此，要高度重视群体结构的合理化。使群体中的个体之间相互弥补，相得益彰。

及时淘汰庸才愚才是企业使用人才的第五招。人非圣贤谁能无过。在用人过程中，再高明的领导者也有失误的时候。这并不可怕。关键是一旦发现庸才愚才虚占其位，就要坚决而得法地将其撤换。否则会影响工作与事业，起到不良的导向作用。

战国时期的李构提出了"识人五法"。即：第一，居视其所亲。看一个人平常都与谁在一起：如与贤人亲，则可重用，若与小人为伍，就要当心；第二，富视其所与。看一个人如何支配自己的财富：如只满足自己的私欲，贪图享乐，则不能重用，如接济穷人，或培植有为之士，则可重用；第三，达视其所举。一个人处于显赫地位之时，就要看他如何选拔部属：若任人为贤，则是良士真人，反之，则不可重用；第四，窘其所不为。当一个人处于困境时，就要看其操守如何；若不做苟且之事，不出卖良心，则可重用，反之，则不可用；第五，贫视其所不取。人在贫困潦倒之际也不取不义之财，则可重用，反之，不可重用。他的用人方法曾经被视为经典理论。

从上面的小故事可以看出一个企业的领导者，一定要有爱才之心，识才之眼，选才之德，谋才之智，提才之能，用才之胆，容才之量，护才之魄，育才之法和集才之力。如此才是掌握了使用人才的奇招妙式，否则是不能适应时代的发展的。

搞掂真经

掌握使用人才的奇招妙式是企业在使用人才管理上的重大改进，更是灵活运用企业管理模式的创新之举。企业在激烈的市场竞争中发现人才后的合理使用才是关键。

第九章 阳光正暖 玫瑰正香

企业培养出一个核心员工很不容易，并需要承担一定的风险；可一旦他们翅膀硬了就有可能飞走，与其事先签订为期多久的合同，不如用企业本身的发展前景来留住他们的脚步。让他们看到企业正是阳光正暖、玫瑰正香的阶段。

以重任激励核心员工

企业的核心员工是企业的核心竞争力的主要贡献者，与普通员工相比，核心员工一般具有知识丰富、观点独立等特点，有突出的专业技能和个人素质，更有强烈的个人特质、心理需求、价值观念以及工作方式多样性等方面的追求。核心员工深知自己在企业中的重要地位，企业更是对核心员工倍加珍惜与爱护。那么企业如何有效地激励核心员工，使核心员工为企业做出更大的贡献呢？这就是从核心员工的特点出发，针对其可激励性需求建立起核心员工的重任激励机制。

核心员工在企业无论从事生产、销售和管理方面的工作，都是普通员工中的佼佼者，为企业做出的贡献是不言而喻的，也就是核心员工创造的价值以及在员工中的凝聚力远远高于其他人。从这个概念出发，企业当前的很多中高层管理者、研发人员、专业技术人员以及高级营销人员都属于核心员工的范围。核心员工的能力和贡献迫使企业不得不给予更高要求、更重要的任务来激发核心员工的工作激情和潜能的开发，是对核心员工的挑战和信任的双重压力，更是对企业资源的开发和利用。但企业在给予核心员工重任的同时，应注意考虑工作任务的难易程度以及与核心员工的能力水平相适应或者适当高出一点。这也是对核心员工的考验和激励，使核心员工摆脱骄傲情绪，也感到企业的信任和肯定，积极承担任务，做出更大贡献。但不要把已经认定无法完成的任务强加于核心员工，试试他们的能力到底怎样，这样反而会使核心员工的积极性受到挫折，感到企业是在故意刁难，对企业不信任，敷衍应付或者根本不努力对待，甚至造成无法挽回的后果，既没有达到培养和激励核心员工的目的，也更无企业效益可言。

重任激励法,是企业对待核心员工的一贯方法,也是效果最明显的方法之一,比起用语言和物质奖励激励员工,重任激励法更能激起员工的事业成就感,尤其是对待能力和素质更高的核心员工,领导的口头表扬和同事的赞许已经听得太多,甚至已经建立起了抵御防护的保护网,无法左右其意志;物质奖励更是对他们不起任何作用,用钱能换来的东西往往是最无价值和意义的。用重任激励是对其最好的鼓励。

小杜是一个出生在农村的孩子,家中一贫如洗,15 岁时辍学去山上放羊,为家里维持生计。一个偶然的机遇,他到了一个最有实力的钢铁集团下属的建筑工地打工。小杜抱定决心,一定要做一个最出色的员工。他一面积极工作,一面学习各种技术知识和管理知识。结果他从一个普通的建筑工人一步步做起,直到现在成为建筑公司总经理,深得集团老板的喜爱。在小杜任建筑公司总经理第二年,当时控制着全国铁路命脉的另外一家民营企业提出要与公司联合经营钢铁的要求。集团老总知道如果不与他们合作,他们就会与其他公司进行联手,使本公司处于竞争的劣势,于是集团决定让小杜去承担这个重大的任务,递给他一份清单,说:"按这上面的条件,你尽快去跟那家民营企业谈联合的事宜。"小杜接过清单看了看,微微一笑。他对老总说:"根据我所掌握的情况,那家公司没有你想像的那么厉害,与其他公司联营也不会一蹴而就。如果按这些条件去谈,他们肯定乐于接受,不过我们集团就将损失一大笔利益。"当小杜将自己掌握的情况向集团总部汇报以后,经过认真分析,集团也承认自己过高估计了对手。于是全权委托小杜与对方谈判,最后取得了具绝对优势的联合条件。第二天一早,小杜来到老总的办公室交任务,集团老总向他表示了感谢,并给予了一定的奖励。

这个集团的老板对于中层干部给予充分的信任和支持，并把重大的任务交给他去办理,极大地鼓舞了下属的积极性。小杜凭着公司给予他的信任和出色的能力漂亮地完成了任务，也是对企业风险系数的降低。

搞掂真经

以重任激励核心员工,要恰当选择重任的分量,如果核心员工的能力已经明显超出了重任的承担范围，企业的良苦用心就会费力不讨好,非但没有达到激励的目的,员工还不会领情。所以,要拿捏好值不值得激励的度。

以重奖笼络核心员工

管理不是管理无生命的物,而是管理有思想的人。就连凡·高创作《向日葵》,贝多芬创作交响乐,之所以分寸得当,精雕细刻,因为是要给有思想的人欣赏的一样。所以,要想打动有思想的人,还得办出有思想的事。职场中,管理员工要让员工感觉到企业有思想有温暖,才能使员工信服。这个思想和温暖就来自企业对员工在工作表现和奖励之间的正比关系，如果员工的表现突出,企业没有任何表示,时间久了员工肯定会失去对企业的信心,也失去对工作的兴趣,所以企业要变得有思想,应随时关注员工的情绪变化,适当给予物质奖励,刺激一下员工的情绪,是一个笼络人心的好办法。

管理是一个运筹帷幄决胜千里和充满辩证法的过程，没有这个过程的管理就是无的放矢,企业就不可能取得成功。在表现与奖励之间建立起正确的连带关系，笼络员工，特别是笼络核心员工的人心，把企业的效益与员工一起进行分享，是企业改进管理模式和组织运作的重要一环。在重奖核心员工的同时要结合核心员工的工作业绩考虑，奖励核心员工的工作品质，笼络核心员工的忠诚度，而不能不视核心员工的贡献大小、效绩优略同等对待，这样反而会使核心员工觉得企业的举动轻率，对自己的重视程度也不够，达不到笼络的目的。在用重奖的方式笼络员工的同时还应遵循以下原则：

一、时效性很重要，要奖励刚发生的事情，而不是已经快被遗忘又被提起后，才去奖励。错过奖励的最佳时机，会大大伤害核心员工的感情和自尊心；

二、根据核心员工独特的需求，可以适当调整奖励的幅度和方式，有人对于荣誉的渴求胜于对物质的奖励，就可以精神加物质双重奖励，再根据不同的情况灵活掌握奖励方式，避免俗套，就会起到笼络的效果；

三、不仅考虑核心员工的成绩和能力给予奖励，也要考虑其工作态度。如果态度积极，即使犯了一些小错误也不要冷落，可以给予适当的安慰和表示，这也是一种奖励的方式，也可以达到笼络的目的。

现在很多企业，尤其是外资企业，都非常重视对员工进行物质奖励。小王进入一家小有名气的外企。他对这份工作很满意，一方面，公司的上上下下很和谐，气氛非常轻松，工作虽累却很舒心；另一方面，也是最主要的一方面，就是薪水不错，另外，如果业绩优异还会有一笔为数不小的奖金作为鼓励。小王一门心思都扑在工作上，经常加班加点，有时还把工作带回家，而且确实也成绩斐然。比如说，上次湖北的一个设备安装项目，在小王的努力下，只用 1/3 的

时间就完成了，为公司节约了大量的成本。项目负责人还专门写了一份报告表扬了小王，但对公司承诺给他的数目很大的奖金却只字未提。同事们都很替他不平，但小王觉得他的表现也许没有达到老板奖励的标准吧，也就没有向企业提起此事。一次，他在与同事小李午饭休息聊天时，得知小李刚得到了公司的奖励，正准备请大家吃饭呢！小王很纳闷，小李只是在一次小型的会议上，把设备及时地安装上了，没有延误会议，并没有挽回任何经济损失，更没有给企业带来什么效益和名声啊？难道就因为小李是留学回来的吗？小王觉得很不公平，就鼓起勇气去找企业领导了。可领导对小王的申诉表现很意外，使小王明显感觉到了领导在敷衍。小王在和企业领导的再三磋商下，仍然没能够拿到属于他的奖金。于是他带着极度的不平衡辞职了。

通过小王的表现可以看出，他算是公司的核心员工了，但在公司对待他的态度来看，小王并没有得到企业的尊重，企业对待员工的教育背景区分等级，分析员工的表现也不客观，导致小王愤然辞职，并没有达到对核心员工的笼络目的。

搞掂真经

笼络核心员工可以使用重奖的方式，这种重奖并非一定是物质上的奖励，也可以是精神上的鼓励和授予荣誉等，总之，企业如果重视核心员工，就一定要想出好的办法留住他。

宽容与大度不可少

宽容与大度是人类美好心性的代表，宽容和大度的人也是乐观、上进的人，不以挤兑别人为快，而把全部精力放在学习、事业和对其进步有利的事情上。是一种坚强，不是软弱，表现出来的以退为进、包容世事的态度，更是一种主动的心态。眉间放一“宽”字，不但自己轻松自在，别人也舒服自然，给予别人方便也是给自己方便。员工在面对企业的严格纪律时需要宽容与大度，如果没有纪律就成了无政府状态，企业的发展也无法进行，员工能想到这一点就是对企业的宽容；企业面对员工的不理解需要宽容大度，员工的个性特征决定了其思考事物的方式也不同，在面临企业的各项决策时，员工表现出的疑义需要企业的理解和接受，会使双方的合作更加愉快；同事之间还需要宽容和大度，俗话说：勺子没有不碰锅沿儿的，同事之间难免会有不同的意见，这时就需要站在对方角度考虑问题，以宽容的心态理解对方的想法，和睦相处。

职场中，保持宽宏大度的心态是心理健康的一个重要表现，工作节奏的加快使得人的心情也容易急躁，这时候在做事或与同事交往中钻牛角尖，更是对自己的事业发展不利，所以无论从养生的角度看，还是从对事业的未来发展看，宽容与大度都是一种不错的待人态度。宽容大度是企业信任员工的表现。信任是企业与员工彼此密切协作的“黏合剂”，可以增强员工的凝聚力，使员工产生对企业的归属感，以企业为家，以企业为荣，与企业患难与共。宽容与大度是激励。企业对待员工的激励方式有很多种，口头表扬和物质奖励等，但对待员工的工作失误表现出来的宽容与大度也是企业激励员工的表现，让员工永远记住这次失败的教训，同时也永远忘不了在失意时企业没有落井下石，而是宽容地接受和帮助。宽容与大度也是营造良好企业文化的重要举措，企业对员工的情绪和失误给予理解和接受，也会让员工自觉形成宽以待人的好传统，在企业内部形成人人互帮互助的文化，也是企业在驭人上的成功。

在美国的3M公司，有一句著名的格言："为了发现王子，你必须与无数个青蛙接吻。要有一颗宽容之心。要真正营造信任的氛围，就应当有宽容员工的失误和失败的魄力。""接吻青蛙"意味着失败，但失败往往是创新的开始。当然，宽容失败并不是放任自流，为所欲为，而是激发员工们的挑战精神和战胜困难的勇气。

员工晋江，刚进公司时工作积极，能力较强，很快成了业务骨干。可是好景不长，一段时间以后，晋江的工作态度忽然发生了很大的转变，对部门的工作能推就推，即使接受了，也是应付了事。虽然他能力确实很强，可是态度消极，满腹牢骚，经常和上级争吵，成了一个令领导头疼的问题员工。发现这个问题后，他的部门领导针对晋江的转变进行了调查，原来起因是晋江以前的上级在离任之前，没有处理好晋江的休假补助问题，并在处理这个问题的过程中产生了一些误会，导致晋江认为公司对他不公，因此开始消极对待工作，造成了比较恶劣的影响。考虑到晋江确实是个人才，找出原因后，部门领导一直在寻找合适的机会，试图解开这个矛盾。正好此时公司一个基层管理岗位进行公开竞聘。这个岗位与晋江的能力很匹配，可是因为他平时的表现，大家都不看好他。在竞聘过程中，晋江在能力和经验方面显示出很强的优势，可是却有评委尖锐地提出了晋江平时的工作态度和表现问题。这时，部门领导向评委说明了导致晋江变化的原因，并提出了客观的观点：对于晋江这样因为一时误会导致心态产生扭曲的问题员工，公司应给予更多的理解和宽容，使他们消除误会，充分发挥自己的才能。最后，晋江成功竞聘上了这个基层管理岗位。一个更加积极努力的基层管理者又重新活跃在工作岗位上了。

晋江是一个在工作中有一点不满情绪的人，不是一个不可以改正错误的人。企业也认识到了他的能力水平，积极与他进行沟通，了解到了他的不满情绪是因为企业对他的福利没有处理妥当，企业因此原谅了他，并给了他一个新的机会，让他为企业的发展贡献了力量。企业在面对员工时表现出的宽容和理解，是对员工的最大激励。

搞掂真经

企业创造公平竞争岗位的同时，宽容与大度不可少。宽容与大度是塑造企业形象和提高管理效率的重要因素。

奖功不惩戒

韩非子曾经说过："善为王者，明赏设利以功之，使民以功赏而不以仁义赐。严刑重罚以禁之，使民不受罪诛而不惠免。"有功得赏，使得人们会为了奖赏而努力用命。有过得罚，那么，人们就会为了避免惩罚而不去做违法之事。奖功与惩戒，是管理的两种基本手段，但发挥的效用却是截然不同的，无论奖励幅度大或者小，奖励周期长或者短，奖励对提高员工积极性都能起到很大的作用。而惩戒则即便是再小的批评也会使人感到沮丧，如果方法和时机不当还会起到消极的后果。也有企业认为，奖励与惩罚保持平衡就不会产生任何的不良影响。这种企业往往在制度中规定，惩罚的收益用于奖励，比如说将小组的末名奖金扣罚，并奖励给小组的头名等。这在一些优秀的企业也常常采用，他们认为这样员工应该会觉得公平，从而会努力做到最好。然而这样做有一个最大的缺陷：个别员工为了拿头名或者不拿末名会暗中陷害其他员工，最后导致企业内部严重不和。而对员工奖功不惩戒，则可保持企业内部的和谐与稳定，更能促进员工的积极性和减少员工失误的产生。

企业在奖励员工时应遵循以下原则：奖励那些提出和解决照顾长远目标而又能真正解决具体问题的人，而非空发议论的人。奖励甘冒风险者。“但求无过”是一种不健康的心理，惟有敢冒风险者才能创新。因此管理者应以身作则公开宣传从风险中学到的经验，全力支持企业成员做勇敢的冒险者。奖励创新。企业最重要的不是资本和设备，而是人的创新精神。每一位管理者都必须容忍创新的失败，尽量建立一个宽松开放的环境，支持创新的热情。奖励处置果断。优秀的管理者应给企业成员足够的决策与行动自决，以养成他们果断处置工作的习惯。奖励工作有成果。不鼓励加班，为提高工作效率和工作成果，管理者必须给予企业成员完整的工作说明，提供工作所需的条件，纠正不良的工作态度，协调各部门的工作。奖励精简。简化结构，简化程序，简化沟通方式，可以提高办事效率。奖励多做少说。管理者常常忽略沉默的无名英雄，因此如何挖掘无名英雄，维持上下组织的沟通，是管理者的重要任务。奖励品质。生产力的提高并不只是靠加快速度或降低成本，最重要的前提是目标的完成。因此，管理者必须训练企业成员实施品质重于速度的态度。奖励忠诚，而非跳槽。虽然每个公司都强调忠诚，但是在奖励制度上却往往鼓励了跳槽。对有跳槽动向的成员以加奖金或晋升等方法挽留。管理者若想增加企业成员对企业的忠诚，应不鼓励跳槽的人，应给予员工长期的培训、发展其才干，并且提供安定的工作环境和良好的待遇。

有一次志明去参加一家私营企业的员工大会，以前他就听说有的公司对工人的劳动时间和工资相当苛刻，工人每天的劳动时间都在十个小时以上，而且老板对员工的工作质量要求非常高，在员工的福利待遇方面却相当吝啬。今天是见到厉害的了。总经理在员工大会上指着相当气派的会议大厅说：“企业的财富就是大家的财富，漂亮的厂房你们人人都有份儿，所以你们要珍惜，你们要加倍的努力，荣耀属于大家。”典型的空话型蠢话。以下是这家私营公司的部分规章制度：1.迟到早退十分钟以上，扣发奖金十元。当月累计迟到达五次，取消月奖。周六、周日如有工作安排，员工一律到岗。2.工作中出现差错一次，扣十至两百元，并取消月奖及补贴。问题严重者，视其严重性进行处理。3.凡请病、事假者一天扣四十元，半天扣二十元，当月累计达三天，取消月奖和补贴。无故不请假者，将作除名处理。注：以上说的月奖金及补贴，都是员工基本工资。更不用说什么补贴了！可据员工透露，他们一天的工资都没有超过二十元。志明觉得有必要把这个公司曝光，于是他把这些情况提供给了报社。这家公司的老板被员工集体起诉了。

这家私营企业实行的制度，非但没有做到奖惩分明，相反，企业对员工的业绩也根本没有纳入奖励的范畴，而一味对员工的迟到等斤斤计较，是典型的欺诈剥削行为，企业的领导千万不要效仿而应作为反面教材进行批判。

搞掂真经

奖功是对员工的正面鼓励，起到的效果无疑也是正面的；如果你认为惩戒也能起到积极的作用，一定要掌握好惩戒的尺度与方式，否则不要轻易使用。

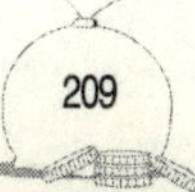

攻心为上

我国古代兵法上说:“用兵之道,攻心为上,攻城为下;心战为上,兵战为下。”另外还有“得人心者得天下”的警句。可见“攻心”,作为从精神和意志上打击对手的特殊作战形式,历来为兵家惯用的“伎俩”。诸葛亮一生用计甚多,算无遗策,给攻心术的实际运用留下了不朽的典范。那么,古代战争中使用的攻心术对今天的企业有什么可以借鉴的地方呢?企业想在激烈的市场竞争中取得优势,就必须依靠员工的力量,做到以人为本,企业在发展事业的同时,把注意力转移到员工这一面来,善于把握员工的工作心态,关注员工的热情和敬业,树立为员工服务的意识,别出心裁地打动员工的心,实施各种有利于员工健康和发展的措施,在细微处见真情,会让员工体会到企业对他们的尊重和关爱。

攻心为上,在细微处显现对员工的关心和感情,可以利用很多方式,下面就是几种对员工的攻心手段,可供参考。从丰富员工的业余文化生活入手,在企业内成立员工艺术社团组织,让员工都参与进来,增进员工在工作以外的了解。另外,娱乐也是调剂员工工作情绪的好方法。为员工设立免费的休闲或者学习的场所。成立员工之家,为员工设立乒乓球馆、电影放映室、书吧、茶社等,使员工在下班后可以放松一下心情,周末也可以有廉价的健身娱乐的场所。在企业内部设立意见箱,员工的不满或者提出的建议都可以进行举荐,设立专门的企业管理人员亲自处理意见箱里的内容,员工的建议和意见一经采纳都会给予奖励;最后在员工的工作上每月进行一到两次的评比活动,激发员工的工作积极性,提高员工的士气,更是对企业的攻心谋略的一种回报。员工不是毫无感情的工作机器,企业也不是一座冰冷的建筑,双方都需要互相沟通,心与心的交流只需一句可心的慰问,一个充满关怀的举动,就会使员工受宠若惊,产生对企业的信任和感激,对工作也会充满兴趣和感情,消除外界的心理干扰,安心为企业工作。

微软的每一名中国员工,都是经过唐骏的亲自面试被录取的。他说,他是在做企业文化,要让员工人还未进到公司,就感受到微软对员工的重视,一个小职员能受到微软中国区总裁的面试,那无疑是一种"荣誉"。他记得当时有一个员工没有经过面试就进来了,但正式工作的时候他碰到很大障碍,大家都觉得他不专业。半年以后,他要求重新给他面试一次。因为他觉得过了总裁面试这一关,自己在公司里才能抬得起头来。当时微软中国的1000个员工每一位他都能叫得出名字,而且叫得出中英文两个名字。在日常的工作中,他发现有很多机会让你的员工感动。每年中秋都让他很困扰,发月饼没人稀罕,但是你如果不发,员工一定会感到很寒心。唐骏当时想了一个创意,告诉所有员工,告诉企业月饼想送到什么地方,公司帮你送过去。效果非常好,另外还在月饼里放了一张卡,以唐骏的名义给收月饼的人寄一封信,里边这样写道:在这样一个传统的节日里边,我们时时刻刻在想着你们,再就是告诉他们这位员工在过去一年中所取得的成绩。很多员工父母收到之后把这张卡放在镜框里,他们说,月饼是不重要的,亲戚同事来的时候,我让他们看这张卡,觉得自己很自豪。企业的发展取决于员工的融合程度,让员工和企业抱成团的纽带不应该仅仅是物质激励,还要"攻下"员工的心。这正如唐骏所说,价值管理是没有底限的。他给出这样一个中国特色的管理解决方案:"人情企业文化",要实现让员工热爱自己的企业并不难,关键在于领导的用心程度，是否决定用心去打动员工。所以，微软的员工现在都很自信也很欣赏企业。

微软是一个全球性的大企业，在处理与员工关系的时候，用很细微的举动打动员工的心，这就是一个善于攻心的表现。很普通的一次中秋节，却让员工感觉到企业的别出心裁和良苦用心，一下子被感动了，过得非常有意义。企业在攻心员工时，不需要特别大张旗鼓地说能给予员工什么样的利益等，其实一个小小的体贴员工的活动就能叫员工感动。

搞掂真经

"良苦用心"是人们喜欢的词语，有一个"心"字，这说明一个道理：攻心为上。

留住人才的心

"得民心者得天下"，这是我国古代历代皇帝公认的最为神圣的一句话。江山易得不易守，要想使百姓听命于新建立的统治，就得先感动百姓的心。百姓的心要是能与国家连在一起，就是在再坚固的城墙，也能攻破。在现代社会，企业更是得人才则兴，失人才则衰。人才作为高新技术的创造者、发明者、传播者和使用者，已经成为当代科技进步与经济社会发展最重要的资源，谁在人才环境的改善上先行一步，真正做到留人留住心，谁就会在人才创造的巨大价值中最先受益。有报告显示我国自改革开放以来，累计共有2300万国内精英涌向运作成熟的外资企业。我国的本土企业人才流失问题已经成为许多企业经营者挠头叹息又无可奈何的问题了。因此国内的多家媒体也纷纷把目光投向了这些流失的人才，其实很多人才的“离家出走”，并不仅为待遇等外在因素，而是企业的经营者不知如何对待人才，如何留住人才。因此企业也明显感觉到可能是在某些方面做的不足，注意力也转向了如何留住人才，留住人才的心。

有些企业重视留住人才的心，但在具体做法上认识肤浅、操作也单一，认为只要施以较高的经济报酬就能稳操胜券。而较高的经济报酬则来自于把人才当作机器的附属物，管理方式上强调权威和服从，主张对人才进行严格的控制与监督。这种简单的管理方式并没有达到留住人才的目的，反而渐渐在人才中失去市场，又让人才的心偷偷地溜走了。那么在留住人才的心上有什么好的措施呢？我们说企业经营之成功因素固然有很多，但人才对企业的向心力与忠诚度是十分重要的因素。因此，企业经营者在经营过程中要时刻关注到企业内的人才是否“心向内弯”，不断强化上下沟通渠道。经营者还应该设法去培养自身的魅力，改进沟通技巧，了解与人才谈话时聆听的重要。对人才的人格及职业尊严予以尊重，更重要的是经营者应以身作则，信奉“诚实为最佳政策”。应从政策、制度方面着手，以真正留住人才的心。要知道，经济报酬只可能留住人才之人，但难以让人才有归属感与向心力。因此留住人才的心，才是企业需要下功夫攻克的地方。

美国福特汽车公司之所以能取得举世瞩目的成绩，并成为世界上利润最高的汽车制造商，其管理上最突出的经验就是重视员工利益。早在创业之初，老福特就宣布愿意给工人每天5美元的工资，远远高于美国当时同类公司的平均水平。至今，福特公司仍然认为：对员工进行培训、留住员工是值得的。

美国联邦快递的创始人弗雷德·史密斯在创业之初就把企业精神概括为“员工至上,留住员工的心”,所以,很多员工在公司完成了从普通的职员向高级经理的蜕变。每一个员工每年都可以没有附加条件地获得高达2500美元的奖学金,其用途由员工自行选择进修相关的课程。在联邦快递早过了“三年之痒”的李先生,今年刚用奖学金拿到了MBA。他坦言,之所以很安心就是喜欢这个奖学金制度,“很少会有老板愿意出大钱为员工的培训买单,这实在是冒风险,说不定就给他人做了嫁衣。既然这样,员工会心存感激,努力工作的,心在企业这里,一般不会轻易离职的。”对如此冒风险的“人性化”政策,联邦快递中国及中太平洋地区副总裁陈嘉良用自己在联邦快递近20年的亲身经历表示,“从员工到服务到利润”的核心理念能让员工感受到,公司对他们是多么关心,以心换心,员工就会从内心感到应该把自己的工作做好做出色。公司把员工看作家庭成员,员工把公司看成自己的家,双方都会希望家业兴旺,不会无故离开企业。

这两家公司都是在留住员工的心上做足了文章,他们利用企业的优势和行业的特点,以不同的方式提供给员工的不仅是物质方面的回报,更是培训机会和晋升机会等,使员工感觉到企业的温暖和人性化的体贴,员工也积极响应,用努力工作和对企业的忠诚回报企业。

搞掂真经

留人要留住其心,就要给予人才广阔的发展空间和具有挑战性的薪酬,并配合适当的约束和目标机制。

善用稳定核心员工的法宝

无论哪类岗位上的核心员工无疑都是企业的核心，作为企业的核心要是散了，偌大的一个企业也将是朝不保夕，所以善于稳定核心员工是摆在每一个企业面前的烫手山芋。企业在稳定核心员工上使尽浑身解数，招数也是五花八门。企业要善于总结出一套稳定核心的法宝，而很重要的宗旨就是保持核心员工的忠诚度，这是任何企业都要把握住的关键点。企业在实行具体操作的时候可以任意变换其外部表现形式，万变不离其宗，就会取得不俗的效果。

五管齐下稳定核心员工的法宝：一、加强员工待遇与福利。核心员工在衡量是否跳槽的时候，首先会考虑公司的福利与待遇问题。所谓“福利”，实际上包括员工的医疗保险、带薪的休假、家属的安置等方面。二、培训与潜能开发。除了薪水福利之外，核心员工们通常还会考虑自己能力的提高、自己在公司内部的前途问题。为核心员工提供提高专业技能的机会，畅通技术经验交流，定期或者不定期地举办各种训练、讲座或会议。除了短时间的培训外，奖励核心员工继续深造，包括在职进修高等教育都是一个稳定核心员工的方法。三、畅通的升职渠道，充分授权。埋没优秀员工，是公司的损失，一旦核心员工跳槽，去为对手工作，又会产生竞争的压力。因此，当企业发展到一定规模的时候，应该妥善规划升职的通道，组织结构实现扁平化，使核心员工有实际参与经营和荣辱与共的心理。四、流畅的沟通渠道。企业组织层级复杂化，企业出现问题很大原因就是由于信息失真或沟通不良，如果让员工了解企业的实际情况和具体操作过程，就可以消除误解、减少阻力。五、参与式的决策过程与利益分享。与核心员工共同将事情做好,肯定核心员工的价值,承认部属的贡献,激发高昂的团队精神,使人人都能够成为问题的解决者。每一个管理者对于参与式管理以及类似的管理问题,都有一套方法或者模式。使用一种经过实际测试适合企业使用的参与管理模式,才能维持长期的效益,也是就找到了企业稳定核心员工的法宝。

罗氏有限公司总经理威廉·凯乐说道:“我相信,我们企业的核心员工只要看到他们自己在公司里的未来,他们就会留在公司里发展。”公司应该为员工创造发展机会,这对新公司而言是有些困难。新公司面临许多生存和发展的问题,管理层在开始时一般都不会重点考虑到核心员工的职业规划和发展的问题,他们只是一味去发现和发展那些有经验的人才。”为了稳定核心员工,公司还给予他们学习的机会,而且要把他的工作和公司发展联系起来,而不是为别的公司培训核心人才。要不断提拔核心人才,作为一个国际化公司,我们需要在中国有更多的发展,所以提拔本地的核心人才的步伐要比在西方早得多、快得多。但同时也要防止人才滥用机会。”“应该向员工展示公司中长期的发展远景和他们自身的发展未来,让核心员工感受到自己是在一家好公司工作。还要在每天的工作中给予他们做得更好的机会,光在某一天给予机会是不够的,更重要的是他们在每天的工作中都能感到有进步。要做到这一点,就要有相应的企业文化。我不喜欢控制型文化,你一旦实施控制,立刻就会感到氛围很窒息,这样是做不好工作的。相反,给予员工相应的责任,然后放手让他们做事,现在罗氏集团的核心组成始终保持着相对的稳定。”

罗氏有限公司稳定核心企业员工的法宝是一套完整的企业策

划，无可非议地非常适合这家企业。企业高级领导层重视对核心员工的培养和任用，充分认识到核心员工无论技术或者管理都非常成熟，是各大企业抢手的人才，只这一点就够企业节省很多培养人力的资源成本了，所以，在稳定核心员工的同时，为此下一番功夫是无可厚非的。

搞掂真经

稳定核心员工，是一个企业人才战略的重中之重。它是企业挖掘人才、培养人才、使用人才的最高级形式，企业要慎重对待。

掌握防止人才流失的高招

在谈防止人才流失之前，我们先了解一下什么样的企业是人才流失最严重的企业。家族式企业，在中国私营企业中是最常见的，一人创业全家守业，所以企业的“外人”职权有限，权利有限，发挥的余地也很小；官商化企业，一般存在于国有企业中，企业的经营者也是国家机关的领导，利于企业的发展和庇护。但是在市场经济的今天，企业的发展很难注入新的活力，人才经常处于不被重视的境地；在平均分配的大锅饭企业里，人才的勤懒并没有分出来，干多干少一个样，没有竞争和惩戒，导致企业冗员增加，即使人才也失去了信心，渐渐离开企业；发不义之财的企业，钻市场的空子，从事非法经营、仿制名牌生产等积累了一定的资本，但已经忘却了正规的企业经营之路该如何走，员工的利益也常被侵犯，人才在企业里工作心里发虚，往往不辞而别。所以，企业要想防止人才流失，应先自省企业的经营方式，确保问心无愧后再去吸引人才。

企业在防止人才流失的时候掌握一定的技巧，就可以轻而易举地留住人才。一、建立本企业的人力资源档案。通过日常绩效考核及专门的人才评价活动了解员工现有的特长、绩效、经历和志趣，评估出员工在专业技术、管理和创业开拓方面的活力。二、鼓励和帮助员工妥善制定个人的发展计划，并就此向员工提供咨询，散发各种指导材料。三、保持上下级沟通渠道的畅通。经常开展纵向对话，直接了解下级的进展与不足，适时调整、修正原定计划。重视员工培训，使其人力资本增值。企业要创造更多的效益，对员工进行多方位的培训：岗前培训。进行业务知识教育和组织文化教育。岗位培训。重点是对员工业务能力的培养。转岗培训。通过支持员工个人发展、提升个人综合素质，使员工感受到组织对自己的重视。四、构建企业文化，提升企业凝聚力。培育企业成员的认同感和归属感，建立起成员与组织之间的相互依赖关系，形成相对稳定的文化氛围，以此激发出成员的主观能动性，为企业的共同目标而努力。利用一切宣传手段和工具，大张旗鼓地宣传企业文化的内容和要求，以创造浓厚的环境氛围。树立榜样人物。榜样是企业精神和企业文化的人格化身和形象缩影，能以其特有的感染力、影响力和号召力为组织成员提供可以仿效的具体模本。培训教育。有目的的培训教育能够使组织成员系统地接受和认同组织所倡导的精神和文化。五、实施科学激励工程，建立有效的约束机制。把一定的期权奖励给对组织做出重大贡献的员工，使员工和组织有共同的利益基础，增强组织的凝聚力和向心力；把培训的机会作为奖励来鼓励那些核心员工或有突出贡献的员工。这样既使员工个人的人力资本得到升值，反过来也增强了其对组织的忠诚度。实行约束机制，对员工的行为进行限定，使其符合企业发展的要求，它使得员工的行为始终在预定的轨道上运行。

清华同方在防止人才流失上的做法是在应聘者进入企业时就根据其个性特点、岗位性质为其量身设计职业生涯计划。根据节约成本、相关利益的原则，在选聘人员时为不同岗位的人员制定不同职业生涯计划的策略。首先，要弄清楚员工的兴趣所在，因为，不是所有人都挤在同一条道路上，"并非是每个士兵都想当将军"，也不是任何人都想当总经理。对一般岗位的员工，结合其意愿向其告知职业生涯的方向，他在企业今后的大致发展方向，而不需要花太多的精力。而对一些关键性岗位(如财务经理、市场开发部经理等)，则应为其量身定制职业生涯计划，可以在应聘时进行交谈，了解他们的价值观、兴趣爱好、职业意向，结合企业的情况为设计职业生涯提供依据。当然，这只能是大体上、方向上的，而不是细节上的设计。企业应向应聘者明确职业生涯设计的原则，用公平的尺子，依据员工对企业的贡献具体进行。如果在应聘者进入企业时，就让其有了职业生涯的概念，让他对未来有一份憧憬，他可以尽早斟酌是留下还是放弃。如果他选择留下来，就会为企业的发展和自己的发展坚定地努力。而不仅仅是"即来之，则安之"的心理。他会尽力实现个人与企业的最佳组合，充分发挥个人的才智，实现自己的价值观和理想。这也就是清华同方常提到的理想承诺，并能据此保持着很低的人才流失率。

清华同方在企业人才的职业生涯中设定了一个很清楚的目标，若与企业的方向和目标一致，人才就会一直跟随企业走下去，如果不一致，则及早提出个人意愿，企业也减少了人才培养上的成本浪费。这是防止人才流失的重要砝码，更是对企业和人才本身负责的表现。

搞掂真经

防止人才流失技巧，重点在“防”。防患于未然，措施得当，实施得力，还要有企业的组织保障，但也要尊重人才的意愿。

第十章　随风舞动的黄飘带

企业与员工不应是对立的关系。为此，要从理解员工的角度出发，树立与员工平等的意识，以期达到双赢的“博弈”境界。放飞洁白的和平鸽，举起象征和平的橄榄枝，唱起同一个梦想的歌声，让黄飘带随风舞动吧！

员工和老板不是对立的

企业是兴还是衰，究其原因都是人的因素在起作用。人是引领企业成功的关键，在新经济时代的今天，企业资源管理的一项重要课题就是如何正确处理好企业老板与员工之间的关系，这是任何一个企业必须要做到的。每个企业都希望拥有一支忠诚服务、团结勤奋、敬业服从、高素质高水平、能与企业荣辱与共、同舟共济的员工队伍。因为企业的生存和发展是与员工的努力息息相关的。处理好与员工的关系是企业的第一桶金。任何员工在企业内都是平等的，老板要把员工看作是企业最重要的资产，坚持以人为本的观念，确立依靠全体员工办好企业的主旨，正确处理好老板与员工之间的关系是平等互利的关系，而不是对立的两个阶级。理解、尊重、依靠员工，对于充分发挥员工的聪明才智，创造更大价值、更多财富，加强企业人力资源建设，加强企业凝聚力，提高企业核心竞争力，推进企业走健康、高速、可持续发展的道路是非常重要的。

企业的生存和发展需要员工的敬业和服从，员工也需要丰厚的物质报酬和精神上的成就感。表面上员工是给老板打工的、是为企业服务的，彼此之间的关系是雇佣与被雇佣的关系，分属于对立的两个阶级。有些老板认为，企业是铁打的营盘、流水的员工，员工对企业来说只是过客，我才是企业真正的拥有者。但是，你有没有想过，如果没有与员工和谐的关系，企业的发展也无从谈起。从长远角度看，老板与员工还是应该保持和谐统一相互依存的鱼水关系，建立起互助互爱互尊互敬的相处模式。一方面老板需要忠诚、有能力的员工，业务才能开展下去，企业也能持续生存和发展；另一方面员工也须依赖企业的业务平台发挥自己的聪明才智，实现自己的价值和事业理想。企业的成功无疑意味着老板管理企业的成功，也意味着员工自己打拼事业的成功。只有企业成功了，他们二者才算成功。老板和员工是“一损俱损，一荣俱荣”的关系。因此，老板和员工之间应该是建立在这种雇佣关系之上而超越雇佣关系的一种相互依存、相互信任、相互忠诚的合作伙伴而不是对立的关系。

宇光是一家房地产公司的销售人员，老板待他很不错，还让他担任销售主管的工作。但是，近几年房地产业不怎么景气，这个小公司业绩也在下滑。虽然他向老板提过很多建议，但老板都不太认同，说他也正在想摆脱困境的良策，但还没有理出清晰的脉络。于是宇光觉得公司现在这个状况，他的才干无法施展，很悲观。就在这时，一个好朋友给他打电话，问他想不想去大公司，于是触动了他敏感的神经，就毫不犹豫地辞职了。老板知道后说每个人都有自己的选择，我不强求你，预祝你成功！在外面要多加小心。宇光很感动，但还是毅然决然地走了。到了那家大公司后，他仍在销售主管的位置上，但隐约中却感到下属们在暗地里似乎很排斥他，他做的销售计划，得到了新老板的初步认可，但下属们说他一个人想出风头，还议论他的计划是漏洞百出、不合时宜。更有甚者，还说他是一个见异思迁的人，为什么老板要让这样一个不安分的人当主管呢！由于同事与他很对立，导致销售业绩一团糟，老板也对他不满意。最后宇光考虑再三，还是离开那家公司了。不久后接到一个原来老板的电话，他知道宇光的情况后，不但没有幸灾乐祸，反而向他发出邀请，说公司现在通过与一家资本更强的公司联营，重新整合了资源，东山再起，现在成了房地产业的领头羊，几个坚守下来的销售部的下属现在已经担任了部门经理。听到了这些，他非常感动也非常内疚，假如当初坚持和企业共患难，现在也和企业一样大展宏图了。他谢绝了老板的邀请，说祝贺企业成功，就去了另一家小公司，重新开始奋斗了！

与企业同甘苦共患难，也是每个员工自己在经历幸福与困难，在这时候老板的态度是一个很好的润滑剂。但如果员工执意要离开，去寻找新的机会也是可以理解的，要支持不要诽谤。文中宇光的第一个老板就采取了一种很好的处理员工矛盾的方式。总之，老板与员工不是对立的。

搞掂真经

员工选择来企业工作是出于与企业共同的理想和目标的考虑。老板是企业一方的代表，应为员工的选择感到庆幸，要珍惜和进一步发展这种关系。

与员工保持适当的距离

有相当一部分人认为，越平易近人，越和员工打成一片、称兄道弟，沟通就越好。其实，这种看法是不正确的。管理者与普通员工所扮演的角色是不同的，所要处理的工作也是不一样的。作为一名管理者，最出力不讨好的事情就是纠正员工的行为，尤其是工作不顺利时，倘若你一方面想成为员工的好朋友，一方面又想做好自己的领导之职，同时扮演好这两种角色有时只会弄巧成拙。因此，作为一名管理者，无论是新上任的，还是在职多年的，都应该摆正自己的位置。过分与员工混为一谈，模糊了自己与员工的角色界限，总归是不恰当的，也是应该避免的。

管理者一定要摆正自己在公司的位置，在处理与员工的关系时也要把握好于员工的距离。与员工保持适当的距离，使自己的领导职能得以充分发挥其应有的作用，这一点非常重要。如果你想把所有的员工都当成自家人,那就有点欠妥,事实上也是不可能的。倘若你现在正在做这方面的努力,劝你还是尽快放弃。换个角度说,即使每个员工都与你八拜结交、亲如同胞兄弟。只要还在同一个单位中,那么你与下属之间除去有亲兄弟般的关系以外,还有一层上下级的关系。当部门、单位的利益与你的亲如兄弟的下属利益发生冲突、矛盾时,你又该如何处理呢?

与员工保持适当的距离,具有许多独到的功能:可以避免员工之间的嫉妒和猜疑,减少员工对自己的恭维、奉承、送礼、行贿等行为,可避免对自己所喜欢的员工的认识偏颇。“近则庸,疏则威”。作为一名上司,要善于把握与员工之间的远近亲疏,使自己的主管职能得以充分发挥。在你做出某项决定要通过员工贯彻执行时,恰巧这个员工与你平常交情很深。你的决定恰巧与他有关,为了支持你的工作,他放弃自己暂时的利益去执行你的决定,这自然是最好的结果。相反,假如是一个不晓事理的人,就会找上门来,依靠他与你之间的关系,请求你收回成命,这无疑是给你出了一个大难题。收回成命必然会受到他人的非议。坚持己见,会使你与这位员工的关系恶化,他也许会说你是一个太不讲情面的人,从而远离你。所以如何处理同事下属的关系也是一门高深的学问啊!

某浴足城为表扬先进员工,就地取材,经理亲自为先进员工洗脚。当平时一脸威严,颐指气使,高不可攀的经理弯着腰给员工洗脚时,那个先进员工的表现居然是吓傻了,脸色煞白,最后住进了医院,因此还落下了病,后来不得不辞职了。该浴足城经理说,当初制定这制度,本想让员工明白老总不摆架子,可以拉近和员工的距离,没想到会把他们吓成这样。可员工却反映,经理平时一脸严肃,对员工相当的苛刻。若有一次客人投诉,该员工三个月的奖金就泡汤了,要想得到奖金,必须等到有客人反映他的表现出色才能回调。如今却突然

"变脸",弯着腰亲自给员工洗脚,怎能不令员工惶恐不安,手足无措?他们表示今后在工作中要尽量不表现得懒惰,但也不想表现得过于积极。

企业要健康发展,必须营造先进的文化氛围,营造和谐的人际环境,既要与员工打成一片,又要与员工保持适当的距离,但这要靠企业领导者的思想认识真正到位,要靠持续不断的踏实工作,而不能指望通过作秀的方式来实现。事实证明,任何期望通过突然的拉近距离来笼络人心的做法,都不会收到好的结果。

搞掂真经

与员工保持适当的距离是应当的,但这种距离不是对立,更不是排斥,掌握一个度是很重要的。

给员工以理解

有人这样说,我们现在生活的地球越来越像一个村子了。可见交流与发展已经成为全球性的现象了。全球化发展的势头必然要求在一个更高的层面上交流和理解。它是做任何事情的基础,无论建造房子还是办一个企业。

职场中,企业如何能够做到理解员工?面对来自不同文化和教育背景的员工在一个企业共事,要做到使所有人都能和睦相处,为企业贡献力量是一件浩大的工程。需要企业下苦功夫,对每一个员工的情况进行了解,包括他们的处境和前途方向等,对员工的某种异常举动就会找到答案。理解员工的心情,处理矛盾时就能轻松击中要害,但要做到点到为止，不能求全责备。要学会理解员工，还需要有博大的胸怀，宽容的精神和积极健康的心态。放下架子从员工的角度考虑问题，化解员工心中的疑虑和不安，从而旁无杂念地为企业工作，同时也是为自己的事业奋斗。企业老板给员工以理解是最基本的尊重方式，比完美的薪酬制度和待遇更能留住员工的心，更能促进员工创造力的发挥和工作的积极性。从另外一个角度分析，员工为企业尽责尽职，为企业贡献力量，老板适当理解员工也是理所当然的，但这理解不是口头的，而是要为员工解决实际的困难，要发自内心地去做。同样的道理，老板理解员工，员工自然也会理解老板，所以在要求员工有“人性”的同时，自己也应该有“人性”、有人性化的管理。如此直白的论述，我相信任何一个老板都会给手下的员工以理解的。

惠普公司处处从理解员工的角度考虑问题，就连对待跳槽员工的态度都是不指责、不强留，爽快地放人，握手话别。一个离开惠普出去创业的人说：惠普每年要花不少钱用在人才培训上，有的人来惠普就是为了镀金，学了本事待价而沽，再去寻找别的机会。对此，公司的管理层认为，员工愿意来惠普，说明惠普有很大吸引力；员工想走，强留也不会安心。惠普所处的是一个人员流动率最高的行业，再说当初选进的人才不见得个个都符合惠普的要求。退一步说，一些优秀人才到外面去服务，也是惠普对社会的贡献，也符合惠普一贯坚持的“互胜”精神。

麦肯锡咨询公司理解员工的方式是，建立了一本著名的“麦肯锡校友录”，即离职员工的花名册。他们将员工离职视为“毕业离校”，离职员工就是他们遍布各处的“校友”，其中不乏CEO、高级管理人员、教授和政治家。麦肯锡的管理者深知，随着这些离职咨询师职业生涯的发展，他们将会成为麦肯锡的潜在客户，无疑也是一大笔重要的资源。麦肯锡一直坚持投入巨资用于维护其遍布各行业的“毕业生网络”,经过实践发现,这一独特的投资方式确实为公司带来了巨大的回报。

世界著名的管理咨询公司 Bain 公司,为理解员工还专门设立了旧雇员关系管理主管,负责跟踪离职员工的职业生涯变化情况,便于企业在今后的员工职业方向上的培养。为记录这些变化情况,公司还建有一个前雇员关系数据库,存有北美地区 2000 多名前雇员的资料,不仅包括他们职业生涯的变化信息,甚至还包括结婚生子之类的细节。Bain 公司还定期向那些曾在公司效力的前雇员发送内部通讯,方便联系。并邀请他们参加公司的聚会活动。如此感情投资,这些“跑了”的人力资源在离开后仍能保持着与企业的合作。

这三家企业在理解员工的方面下的功夫是不少企业所不能及的,对待离职的员工有尚且如此之高的关注度,就不用说对待在职员工的态度了。理解你的员工吧,他们会为你带来无穷的益处。

搞掂真经

理解,是一种美德,也是一种精神境界,更是一种生活的历练。理解他人,是处理人际关系的良方。

从积极的方面评价员工

很多企业都会有这样的困惑:如何才能激励员工保持十足的干劲呢?采取加薪的办法,一段时间内可能会使员工的积极性有所上扬，但是时间久了，员工又会渐渐松懈，并迫切期待下一次提薪的机会，长此以往企业也会吃不消。人们的物质欲望是无止境的，而物质本身也不是取之不尽，用之不竭的。用物质去激励员工不是唯一的办法，员工也不会领情，因为你们之间没有感情可言，只是劳动与金钱的交易而已。精神鼓励永远是一个隽永不变的主题，在企业中就表现为从积极的方面评价员工，不仅让员工了解公司的前景，认识到工作的重要性，经常与员工分享你对企业的远景规划，还要让他们与你一起共同创造明天。同时，还要让他了解他的工作对公司是十分重要的，他的工作表现也是企业不可或缺的重要资源。每个员工都有自己的优势，尽量去评价优势部分，更能让其感受到企业的温暖。

从积极的方面评价员工，自敬业精神开始。激烈的市场竞争中，员工的敬业可能挽救企业的生命。如果员工工作时游手好闲，偷工减料，还借口满天飞，是完全能够毁掉一个企业的。所以积极评价敬业的员工，是企业生存的重要保证，也是对其他员工的鼓励。另外评价员工的创新能力也是一个积极的方面，有创新企业才有活力，企业如果没有活力等于没有了生命，对待员工在工作中表现的创新思维，应积极评价，可以激励员工有更高的创造发挥，会带动企业发展。积极评价员工从小声批评大声表扬做起，对待员工在工作中的失误及时指正，是对工作负责的表现。在批评时注意员工情绪的变化，最好是单独批评，批评完后再评价该员工其他方面的优点等，使员工感觉到错误不是不可原谅，会在今后的工作中更加注意。对有贡献的员工进行积极评价的同时还要给予适当的奖励，这里说的奖励并不是按时发的工资，是在得到企业和同事的认可后，对创造的经济利益的反馈。最后还要让员工有更多的学习机会，接受更专业的培训，这也是积极评价员工的手法，有利其在这一领域有更大的发挥和展现的机会。对员工及其家庭也要充分地重视，让员工在积极努力的同时没有

后顾之忧。

剑由于只有高中文凭，在来北京的几年中先后做过推销员、送货员、销售代表等一些基础性的工作。而他的兴趣却是在文字方面，想当策划或者自由撰稿。一个偶然的机会，他得到了一个广告公司策划助理的职位，非常高兴，也决心好好干。虽工资不高，也很辛苦，但剑很珍惜。为了能学到更多的东西，更多地锻炼自己，他总是尽量多找些事情来做，有的客户只要一个策划方案，可是他却总是争取时间弄出一个备用方案来给人选择，让许多客户都很满意。一次休假中，有个客户找到公司老板做一份策划，时间非常紧。可是老板打了好几个员工的电话要人回来加班，员工都说没时间赶不回去。无奈之下，只好给已经加了两天班的剑打电话，他接到电话后，立刻赶了过来，用两天一夜的时间把策划书做出来了。把客户送走之后，老板对他进行了表扬，还在全体员工通告中表扬了他，希望全体员工都向他学习。于是剑更加努力地工作，又接待了几个很挑剔的客户，他都以优秀的方案征服了客户，一次又一次地受到了领导的表扬。这之后没有多久，剑就被正式提拔为策划部正式职员，过了不久，又被提升为策划部的负责人。他在总结自己的工作的同时，也没忘记把领导对他的表扬写进去，正是这些表扬才使他一直坚持不懈地努力工作。

剑是一个非常有才华的人，他虽然受到的教育有限，但没有阻挡他在工作中的能力的发挥，一次次的提升就是很好的证明。但同时我们也应想到，一个人的热情即便再高亢，也有疲倦的时候，如果你的疲倦期正值企业组需要你的时候，对企业是一个最大的损失，对你自己的前途也是一个挫折，所以在面对优秀员工的疲倦期时一定要鼓励，从正的方面评价，一定会有好的结果。

搞掂真经

从积极的方面评价员工，是一个企业活力的源泉，也是员工在成功路上不竭的动力。无论你的企业已经有多大的实力，都不要吝惜对员工从积极的方面去赞美和评价；当然，这种赞美和评价不是廉价的，更不是虚伪的。

不要求全责备

天底下有哪个人不喜欢骄人的脸庞、惹火的身材，可拥有这些的人毕竟是少数。大部分人长得都很平凡，优缺点并存，可我们不是一样也得活着吗？追求完美是每一个人的愿望，在生活中总希望能找到一个完美的爱人，觉得拥有他们（她们）一定很幸福；工作上也总希望能够在这里或那里再改善一下就更好了，等等。这些都是很好的作风，但在现实生活中我们是不可能做到事事完美的，只能相对的做到最好，如果过于追求完美，不断地强迫自己在某些方面的改变，是一个得不偿失的举动。任何事情都有度，在一定的限度内做到接近就是完美了，过了度反而会使事情变得更糟。对别人的要求也要保持这个度，这就是我们今天所谈到的不要求全责备。我国古代的思想家孟子就曾经说过："鱼我所欲也，熊掌亦我所欲也；二者不可得兼，舍鱼而取熊掌者也。"就表达了要知足常乐，不过分追求完美的思想。

求全责备在职场中表现为，对待员工过分挑剔，招聘时挑，工作中还挑。要求员工的素质在某方面再多一些就好了，技术更全面一些就好了，管理能力更强一些就好了，对待老板再谦虚一些就好

了，等等。其实这些要求一点都不过分，其中任何一条都是员工需要加强的，也应该是员工的努力方向，但这些要求加在一起，则对任何一个人来说都是不可能达到的。只能做到相对的在其他方面也了解一些，而不可能样样精通，相信任何一个企业也不需要这样的人才。也许你会问：如果这些工作他一个人都能做的话，我就不用请那么多工种的员工了。可你有没有想过，一个人的能力再强，是一个多栖的全才，他的精力也是有限的，不可能同时做所有人的工作。所以在招聘员工时，适合某一职位的工作即可，不可妄加招聘条件。在工作中，员工在岗位上的表现基本符合岗位的要求就行，在这基础上围绕工作展开发挥，就是一个合格的员工了。如果你发现有哪位员工的能力突出可以调至更高的职位，也不可对员工所在的普通岗位要求具备高级经理的能力。对员工宽容，也是对自己的宽容。

酒店的服务工作是一个需要耐心细心的行业，任何一点瑕疵都能够导致客人的不满意。作为服务行业，客户就是上帝，一次的服务失败往往意味着整个酒店的失败。但有时候服务过于周到也会让客人觉得不悦。小红就是一家大型酒店的服务员，一次有八个人来到这里就餐，因为人比较多，餐厅经理也是一个对服务质量要求特别严格的人，这次他派了五名员工站在餐桌旁服务，平时这样的八人桌也就两名服务员就够了，这五个服务员中就有小红，她抢着给客人倒酒，添菜，其他的人也不示弱，纷纷为客人做这做那，导致客人刚去夹菜，菜就端过来了，可等其他人吃的时候还得端回去，于是盘子被端来端去，整个桌子乱成一团。这桌客人是来谈生意的，他们的谈话刚一进行，就被服务员打扰了，影响了整个饭桌的气氛，谈判也无法进行，小红已经明显感觉到了客人的忍耐快到了最后的极限。就在这时候，酒店的高级经理正好经过此处，看到了这个情景，赶快把餐厅的经理找来，立即调走了三名服务员，客人们的情绪才又转到生意上来了，最后结账的时候也没有投诉或拒结账单。经理在全体员工大会上检讨了自己的行为，也明确表示了自己在工作中过于追求服务的完美，而忽视了服务中适当体贴、周到便可，不求过于服务全面。而酒店的高级领导也没有过于批评餐厅经理，适当地进行了警告，还对全体的服务人员进行了培训。这次培训的重点不是服务怎么做到位，而是服务要点到为止，不求全方位。

尽管服务工作是一个需要细心、体贴的工作，但如果过度地追求服务的全面和周到有时反而会使客人不领情，不满、抱怨。其实并非客人不通情达理，酒店服务工作要充分了解客人的需求和心态，在客人不需要服务的时候让客人充分享受就餐与谈话的自由。此餐厅经理在过分要求员工职责到位的同时没有考虑到工作的性质，因此企业在工作中一定引以为戒。

搞掂真经

不求全责备，是企业对待员工的基本准则，也是尊重员工工作权益的体现；在工作中对待员工过于苛刻，虽然是为企业的利益着想，但往往效果适得其反。

做朋友不做敌人

我记得曾有一位朋友给我支了一招，在企业里与老板交朋友，可以化解工作中冰冷生硬的关系，工作也多了些人情味。我觉得挺有道理，在生活中我们有那么多的朋友，工作中为什么不能与老板也交个朋友呢？与老板交朋友，就是与成功的人交朋友，也能加快自己成功的步伐。而老板与员工交朋友又能有什么好处呢？老板在企业内有个员工朋友，更利于老板了解企业员工的思想动态，另外在工作中如果遇到员工有不愿意提出的要求或困难，员工朋友就可以跟老板提出来，便于及时解决问题。当然企业要提倡与所有员工成为朋友，而不是与个别员工，否则不利于工作的开展，也容易让员工产生抵触心理。与所有员工都成了朋友更能体现老板与员工的平等，增加了平易近人的亲切感。如果把亲切感视为不屑一顾，即使不能把员工当作敌人来对待，也会让员工感到冰冷、严酷，这样的企业文化是企业的悲哀，也是员工的悲哀。

与员工做朋友不做敌人，找到切入点很重要，把员工当成一个社会的人、文化的人而非仅仅是一种资源。作为社会人的员工都有思想、有独立人格，有着自己做事情的价值判断和行为标准，明确这一点，还要发自内心地融入员工的内心深处，真正了解他们的所思所想，找到打开员工心扉的突破口，建立企业内部属于老板与员工的朋友式的交流方式，与员工打成一片，齐心协力，共同为企业发展出工出力。如若不然，不把与员工的朋友式的关系纳入管理的范围内，甚至敌视员工，企业就会真的划分为两个阶级，上面的阶级居功自傲，自鸣得意，做事情从不考虑切合实际，更不体恤员工；下面的阶级认为企业没有任何光明和前途可言，自身的发展更是渺茫，身处的环境还是水深火热。两个阶级的矛盾就会愈演愈裂，上面的阶级终将成为空中楼阁而摇摇欲坠。任何企业都不盼望这一天的到来，也更不会坐等这一天的到来。其实避免的方式很简单，只需握一握手，拍一拍肩膀，几句贴心的话语就能与员工交上朋友。朋友的力量是无穷的，它能够撑起整个企业，带动企业的发展，实现企业腾飞的梦想。

燕有一个很好的朋友，也是以前工作中的同事，虽然现在各自效力的企业不同但还经常聚一聚，一起吃个饭，打打球什么的。但后来她们又在一起工作了，这次却不是平级的同事，朋友成了她的下属，形成了上下级的关系，之前的朋友关系一下子就感觉怪怪的了。有一次，燕在招聘员工时，鉴于能力和经验选择了其他同事推荐的人，这让她的朋友感觉很受打击，好像朋友间那种互相帮助的期望完全落空。从那之后，她们就从朋友演变成了一种纯粹的上下级关系。但是，燕还是希望维持以前的朋友关系，于是看她工作不忙就去她的办公室里，与她沟通，不放过一个机会。下班后仍保持与他们的交流，她还经常将部门的活动经费省吃俭用攒起来，利用休息时间，组织团队一起出游。脱离了这种工作环境，大家一起旅游，一起坐飞机，还经常互相帮助，无形中拉近了距离。其实，工作上难免会有些矛盾，让大家在远离工作场所的地方互相帮助，获得相互理解和信任，成为朋友，也是十分必要的。这对于团队的作用非常大。在去年的团队绩效评选中，他们部门名列全公司第一！其实，管理也是讲技巧的，作为企业经理人，最大的特点就是细心，能够很好地用心去感受员工。今年年初，为表示感谢全体同事的精诚合作，燕还送给了部门每位员工一本书，并在封面上针对每个员工的特点写了几句祝福或是点评的话语，起到了很好的效果。

文中的经理人对待工作的确非常细心，也很善于捕捉员工的情绪，这在企业的管理中是非常重要的一环，利于工作的开展。后来她意识到，稳定员工情绪只是一时的管理方式，不能长久。与下属的关系还是朋友式的更长久，也更能使员工体会到温暖。这一举动带来了极高的效率，在团队中业绩遥遥领先。

搞掂真经

与员工做朋友，是领导与员工搞好关系的良方；开始做起来可能有些困难，但只要放下架子，推心置腹，真心朋友的关系就会建立起来。

“博弈”的最佳境界是双赢

可能很多人会有这样的想法：我们到底在为谁打工呢？企业有时也在告诫我们，今天工作不努力，明天努力找工作。难道只要工作努力就不会失业，不失业还要努力工作，那工作到底为了什么呢？仅仅为了生存吗？还是为了努力赚钱后痛快地花钱？到底企业与员工是一个什么样的关系呢？企业和员工不仅仅是雇佣与被雇佣的关系，更是一个相互依存的关系，双赢的关系。一方面企业需要员工的劳动来维持运转，实现企业利润，不断向前发展；另一方面员工需要以企业为依托，实现个人的理想和对事业的追求等。员工和企业是共同运行在铁路上的两条平行铁轨，同一目标，同一速度，同一辆火车在上面驶过，这期间会因各种原因不定期地进行维修，但都不会影响列车时刻表的规定。企业和员工两者也都要发展，也都将经历风雨，但都不会摒弃共同的目标，这就是双赢。

如何才能实现企业与员工的双赢呢？企业在选聘员工时，要求员工认可企业文化，符合企业发展需要，与企业的发展方向一致。这是员工正式进入企业之前的一个相互选择的过程，是实现雇主员工双赢的基础。在员工进入企业后，雇主每过一段时期，要对员工的需求进行跟踪调查，以掌握员工的需求变化，找出问题的根源，使企业明确需要调整的方向。可采取问卷调查或用人制度的调整等措施。还要对企业内部管理环境进行调整。通过员工需求调查等方法，企业掌握了最新变化，采取合适的调整手段，调整企业制度、政策、方针等硬环境以及管理方式和领导风格等软环境，把企业的业绩和员工承诺度比较分析。调查企业和员工是否都达到最佳的理想的双赢状态。在企业方面，从企业的经营业绩和员工的承诺度就可以评估；在员工方面，企业可以从员工的职业目标，个人努力程度，在一段时间内达到的成绩等与企业的发展进行分析，是否企业和员工都共同有所进步。企业的发展快于与员工的努力，问题出在员工，企业的发展落后于员工，问题出现在企业，双方互相照镜子，达到企业与员工的最佳状态，就是双赢。

涟钢的老总是这样评价企业的管理的：保持员工与企业共同的目标，同步发展。他说："在涟钢，下面的厂长也许一年也难和我联系一次，除了有特别重大的事情，过年过节有时连短信都没有一条。因为在涟钢，只要你干得好，就有机会。一切凭工作业绩，而对于其他的事务性工作，只要按规定办，我就不过问。"于是涟钢前后进行的三项管理制度改革，让企业管理显得更加简单化。实施了企业业务流程再造改革，完成了机构整合和人员精减改革；是涟钢管理史上力度最大最深刻的一场革命。涟钢还构筑了多元多层的激励和竞争平台，健全完善中层管理人员诫勉谈话、引咎辞职、一年一考核、一年一聘免及末位淘汰等办法，打破了干部终身制和员工能进不能出的传统管理机制。在分配方面，他们实行工资总额包干和二级分配模式，允许劳动、技术、知识等要素参与收入分配，并设立了关键技术岗位技术津贴和重要生产岗位的岗位津贴，将活工资的比例提高到工资总额的60%以上，鼓励科技人员通过技术创新进行项目收益提成。提出了涟钢新的企业核心价值观："人和为本，诚信是天"。人和就是建立和谐的社会环境，相对涟钢就是职工在收入、进取等方面可以多渠道谋发

展，达到企业和员工的双赢。

我们看到，国有企业在确立企业与员工的关系上把双赢看得非常透彻，不仅在生产上认识到企业的成长靠员工的贡献，还在企业效益上与员工的利益进行分享，在实施竞争，激励员工前进的同时在待遇上与企业保持同步，这种生产与效益相互结合，企业与员工利益相互结合，把企业和员工融为一体的做法，最终走向成功的也将是双方。

搞掂真经

当今世界，在任何一项合作中，合作的双方都不可能一方获利，一方吃亏。双赢是合作的最佳境界，也是最有生命力，能够维持长久的状态。